TA・ゲシュタルト療法の試み

新しい交流分析の実際

杉田峰康

創元社

まえがきに代えて

私は、二〇歳代を米国の大学および大学院で過ごし、当時、米国で盛んであった精神分析的な心理療法を学びました。その後、一九六三年に九州大学病院にわが国初の心療内科が開設されるにあたり、初代の教授となられた池見酉次郎先生からお招きを受け、創設期の作業に参加させていただきました。

心療内科では、患者さんを身体・心理・社会・自然環境という多方面から総合的に診ていく治療方針がとられています。二〇年間の心療内科在籍中は心療内科の三本の柱すなわち精神分析、行動療法、自律訓練法を中心に多くの治療法に接し、患者さんに対する全人的アプローチがいかに重要かを身をもって体験しました。

一九七〇年代の後半からは、当時導入されはじめた交流分析とゲシュタルト療法に関心をもつようになりました。交流分析に関しては、池見先生との共著を含め四冊の本を創元社から出版させていただきました。

当時は心療内科の病棟で、交流分析のグループ療法を行ない、同時にスタッフ、医学生との学習、討議を通して、徐々に交流分析とゲシュタルト療法を統合していく試みを始めてみました。こうしたことを行なっていた動機の一つには、東京大学心療内科の初代教授、石川中先生が、ゲシュタルト療法を重視され、その実践を含めたアプローチで心身医学的療法の理論体系（サイバネーション療法）を提唱されたことがあげられます。

その後、九州大学病院を離れ、女子大学で心理学を教えるようになりました。学生相談室で心身症とは異なるタイプの青年や家族に接し、心療内科で学んだ心理療法をクライエントに応用する機会を得ました。時間的に少し余裕ができてからは、交流分析とゲシュタルト療法を再び精神力動的な視点から見直し、ワークショップなどの機会に二つを統合して行なうようにしました。

現在、私は人間社会学系の大学および大学院で臨床心理学を担当しております。交流分析の学習を希望する学生が多く、彼ら臨床心理士の卵に、将来、臨床現場で使える方法をどのように伝達するのかが私のいまの課題といえます。

本書の症例の多くはグループ療法のように見えますが、実際にはグループのなかで個人療法を行なったものです。したがって、この本で紹介した方法のほとんどは一対一の心理療法、あるいは治療者の自己分析の方法としても用いることができるものです。

本書には実際に個人が行なったゲーム分析の記録も含めています。また、第一章ではＴＡ・ゲシュタルト療法の基礎理論の概要と臨床における手順を、個人療法の症例を交えて紹介しました。巻末に本書に出てくる主要な用語を解説しておきましたので、参照していただければ幸いです。

今日、心理療法は患者さん、治療者、治療法の三者がぴったりと組合わされ、アプローチする方向へ向かっていると思います。

本書が、より有効な心理療法を求めておられる学徒のかたたちに、なんらかの刺激になれば幸いです。

最後に、本書の出版にあたり、多くのご援助、ご助言をいただいた創元社の渡辺明美さんに厚くお礼申し上げます。

二〇〇〇年七月

杉田峰康

◎目次◎

新しい交流分析の実際

――ＴＡ・ゲシュタルト療法の試み――

第一章

TA・ゲシュタルト療法

心身にかかわる病気や問題行動の多くは、元来調和がとれているはずの心と体、知性と情動との間に、解離やアンバランスが生じることによって起こります。また、問題の解決にあたっても、他人の操作や外界への適応に明け暮れるばかりで（過剰適応といわれます）、自分の内部の力を活用しないために、病気が難治化したり、問題が複雑化していくことも少なくありません。

私たちの多くは、さまざまな不幸や困難に接すると、自己否定的な感情や考えにとらわれてしまい、自分が環境や生育歴の犠牲者だと考えがちです。私たちの周辺には、簡単に解決しない悩みが山積していますが、その受けとめ方によって、悩みの比重は大きく変わってくるものです。そのためには、まず自分のなかに感情や思考、行動をコントロールする力が内在しているという事実を認識することが大前提となります。筆者が多くのかたがたとともに実践してきた、交流分析・ゲシュタルト療法（略してＴＡ・ゲシュタルト療法）は、その過程を具体的にプログラム化したものです。

これらの技法は、米国の精神療法家のグールディング夫妻から学んだところが多くあります。メアリー・グールディングは米国における交流分析の代表的なリーダーの一人であり、精神科医でいまは故人になられた夫のロバート・グールディング博士とともに、交流分析とゲシュタルト療法を統合した「再決断療法」を編みだしました。わが国では、長年にわたりグールディング夫妻のもとで学ばれた、早稲田大学の深沢道子教授が本法の権威です。

ＴＡ・ゲシュタルト療法は、たいていグループのなかでの個人心理療法という形をとっています。しかし、もちろん一対一の個人療法として用いることもできます。さらに、心理療法にたずさわっているセラピストのかたの自己分析の方法として活用されるのもよいと思います。

本章では、まず本法の基礎となっている交流分析とゲシュタルト療法の概要を、主として個人療法の症例を交えて、それぞれ解説します。次に、これら二つのアプローチを統合したＴＡ・ゲシュタルト療法の一般的な手順についても紹介しましょう。

Ⅰ　交流分析

交流分析（Transactional Analysis、略してＴＡ）は、精神分析の流れをくむ米国の精神科医Ｅ・バーンによって提唱された性格理論であり、同時にそれにもとづいた治療体系です。

交流分析を簡潔に定義すると、「互いに反応しあっている人びとの間で行なわれる交流を分析すること」といってよいでしょう。ＴＡでは、患者さんの治療過程を議論するのではなく、できるだけ短期間にいかに患者さんを回復させ、治すかに最大の関心を抱いております。

ＴＡの基本的な考え方は、人は誰でも〝三つの私〟をもつというもので、それら三つは自我状態と呼ばれます。自我状態は「感情および思考、さらにはそれらに関連した一連の行動様式を統合した一つのシステム」と定義され、図1のように記号化されて説明されます。

ＴＡでは、これらの自我状態を脳に記録された幼時からのすべての経験、知覚、感情などがビデオテープのように再生可能な状態としてとらえます。すなわち、自我状態は精神分析でいう超自我、自我、エスなどの概念と異なり、実際の体験を背景としたよりパーソナルな心的状態です。たとえば、精神分析でいうエスは〝騒然たる興奮のるつぼ〟といわれ、混沌とした未組織の状態、統一された意思のない欲動と考えられています。TAの©は幼少時のあなたそのもので、高度に組織されていて、はっきり「ノー」と言う能力をもっているのです。

■図1：三つの私

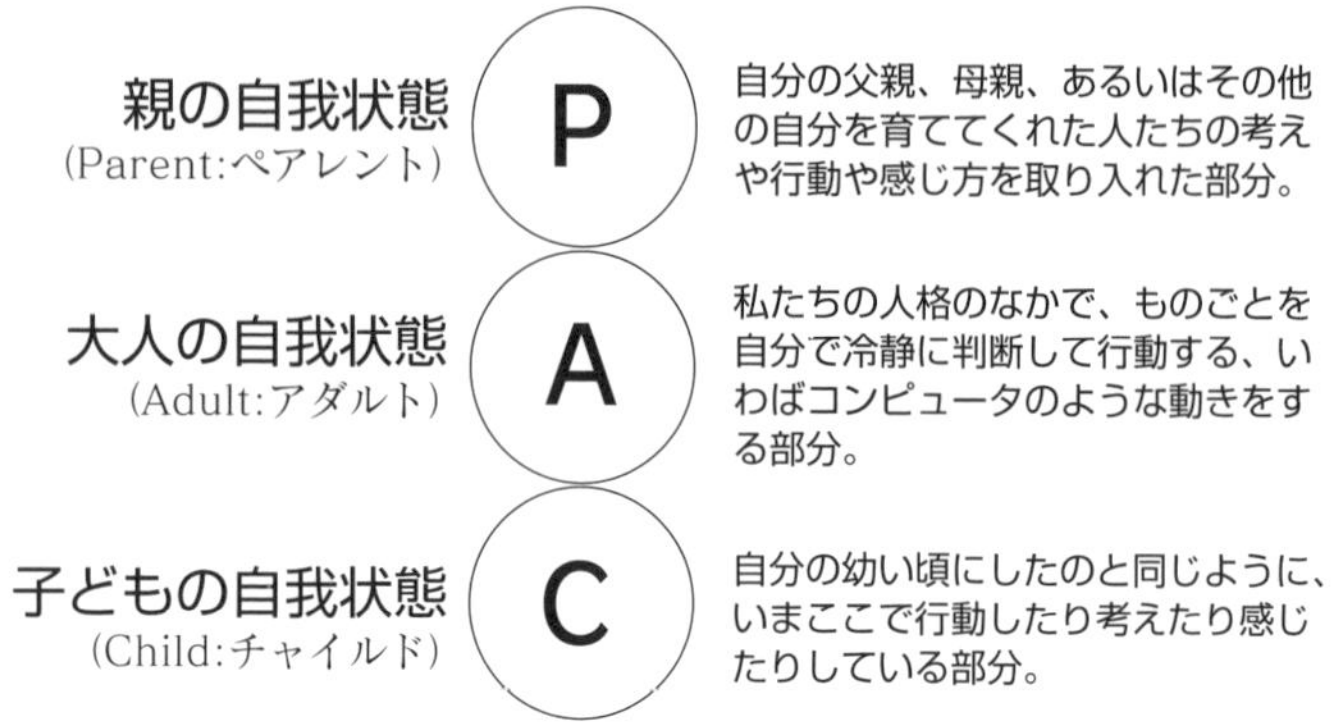
親の自我状態
(Parent:ペアレント)
P
自分の父親、母親、あるいはその他の自分を育ててくれた人たちの考えや行動や感じ方を取り入れた部分。
大人の自我状態
(Adult:アダルト)
A
私たちの人格のなかで、ものごとを自分で冷静に判断して行動する、いわばコンピュータのような動きをする部分。
子どもの自我状態
(Child:チャイルド)
C
自分の幼い頃にしたのと同じように、いまここで行動したり考えたり感じたりしている部分。

1 交流に関する理論

人は何を目的として他の人と交流するのでしょうか。対人交流を営む動機は何でしょうか。TAでは、分析を行なう前にこれらの問いを投げかけ、それは次の三つの欲求を満たすためである、と考えています。

(1)刺激への欲求

　最近の乳幼児精神医学の研究が示すように、人間が成熟するためには愛撫、接触、音などの刺激が不可欠です。T

■表1：ストロークの分類

	身体的	言語的	条件つき	無条件
肯定的（快）	○頭をなでる ○握手する ○おんぶする ○ほおずりする ○背中をさする ○肩を抱いてやる など	○人をほめる ○ほほえみかける ○名前を呼ぶ ○あいさつ、言葉をかける ○認める（意見など） ○意見を尊重する ○礼を言う ○じっくり話を聞く など	○100点とったから、ごちそうしてあげる ○よく勉強したから自転車を買ってあげるんだよ ○お前は素直だからパパは好きだよ など	○××ちゃん好きよ ○金なんかいくらかかってもいいのだ。お前が治ることが先決なんだよ ○誰がなんと言ったってママはあなたを信じてますよ ○いい大学に入れても入れなくてもパパとママのだいじな娘なのよ など
否定的（不快）	○殴る ○しりをたたく ○つねる ○食事を与えない ○厚着をさせる ○灸をすえる ○廊下に長時間正座させる など	○悪口を言う ○罵倒する ○嘲笑する ○叱る ○皮肉を言う ○返事をしてやらない（聞こえないふりをする） ○文句を言う ○欠点を指摘して非難する など	○勉強しない子はママはきらいよ ○お前はハキハキしないからダメな子だ！ ○あんたはすぐひねくれるから、ママはイヤなの ○うそをつく子はきらい！ など	○お前にはなんのいいとこもない ○あんたなんか生まれてこなかったほうがよかったのよ！ ○死んじまえ！ ○出てうせろ！ ○ごくつぶし！ など

Aではこれを「ストローク」と呼びます。この言葉は本来はなでる、さわるなど身体的な愛撫行為を意味しますが、このほかに励ましや称賛、逆に罵倒や非難など人の存在を認めるすべての行動が含まれています。

ストロークには肯定的、否定的、条件つき、無条件などの種類があります（表1）。人は肯定的ストロークが不足すると、否定的ストロークで補うようになります。この交流様式が習慣化したものが、後述のゲームになります。

(2)人生の立場への欲求

TAでは、精神分析の対象関係理論にならって、人生早期に、幼児が親との関係でとる〝立場（ポジション）〟を重視し、これを基本的構えと呼びます。人は、一度ある決まった立場をとると、それを強化することによって自己の世界を、予測可能な状態にしておこうとします。各人の構え（立場）は「OKである」、「OKでない」という言葉で表現し、図2のように「自他肯定」「自己否定・他者肯定」「自己肯定・他者否定」「自他否定」の四つに分類します。

人は否定的構え（立場）を証明すべく、後述のゲームや脚本を演じます。

(3)構造化への欲求

これは生活時間を構造化することによって、心理的安定やストロークを得たいという欲求です。人も動物も刺激への欲求が直接満たされないと、複雑に構造化した形の刺激を求めていく傾向があります。もし人がストロークを得たいと望むなら、心の通う相手とともにいる（時間をともに過ごす）ことが必要です。しかし、そこで肯定的ストロークが得られないと、なんらかの社会的状況をつくり、時間を構造化するようになります。

時間の構造化には表2に示すような閉鎖、儀式、活動（仕事）、雑談、ゲーム、親交（親密性）などのタイプがありますが、親密性を避けるために否定的ストロークの交換が習慣化するとき、ゲームが演じられるのです。

この(1)〜(3)の欲求をしっかり認識したうえで、TAは次の四つの分析を、通常①→④の順序で

■図2：基本的構えと交流様式

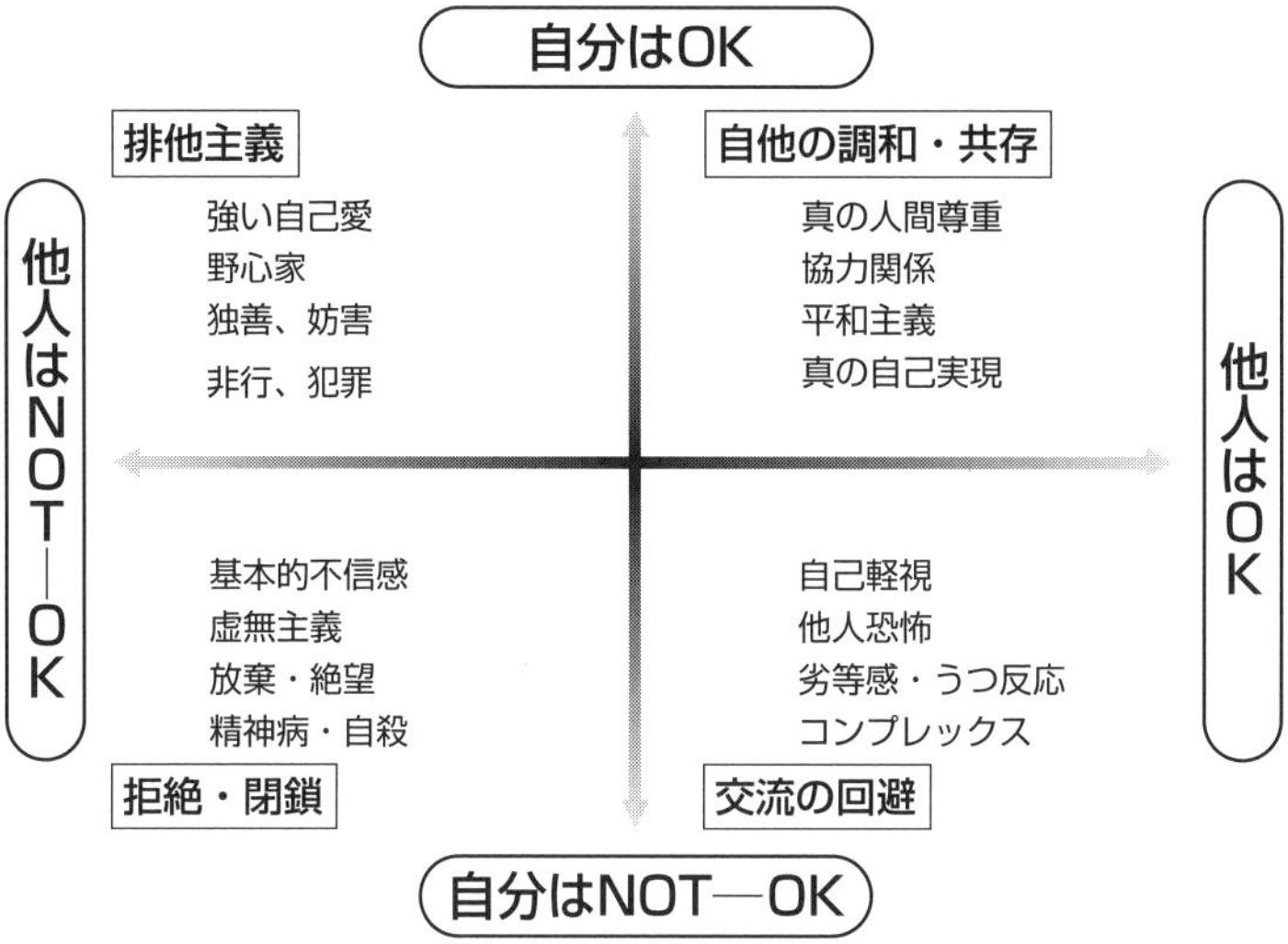

■表2：時間の構造化

1.閉鎖………他者との交流の放棄
（例）白日夢、空想、ひきこもり

2.儀式………間接的なふれあい
（例）あいさつ、家庭行事、集団参加、結婚式

3.活動………外界の事物を用いたふれあい
（例）仕事、勉強

4.雑談………無難な話題を楽しむ
（例）社交、井戸端会議、自慢話

5.ゲーム……不快感に終わる裏面的交流
（例）水かけ論、問いつめ、夫婦げんか

6.親交（親密性）……相手に対する純粋な配慮
（例）信頼に裏づけられた率直なふれあい

行ないます。

①構造分析
②交流パターン分析
③ゲーム分析
④脚本分析

以下、それぞれの方法について説明します。

2 構造分析

これは、個々のパーソナリティを自我状態が呈するさまざまな現象にもとづいて分析する方法です。その目的は、Ⓟ、Ⓐ、Ⓒを明確に識別する練習を通して、あなたの考え、感情、行動の不調和の領域について気づくことにあります。

それぞれの自我状態の性質は以下のようなものです（図3）。

Ⓟ……Ⓟの状態にいると、両親と同じような言葉づかい、考え方、身ぶりなどによって自分を表現します。Ⓟは懲罰《ちょうばつ》や制限を加える働き、あるいは人の世話をするなど養育的な働きと関連しています。「いい」とか「悪い」というような価値判断、倫理観などにもとづく表現はⓅから出てきます。Ⓟには CP、NP という二つの面があります。

◆CP……批判的なⓅ。強制的、支配的、懲罰的な態度

■図3：自我状態とその機能

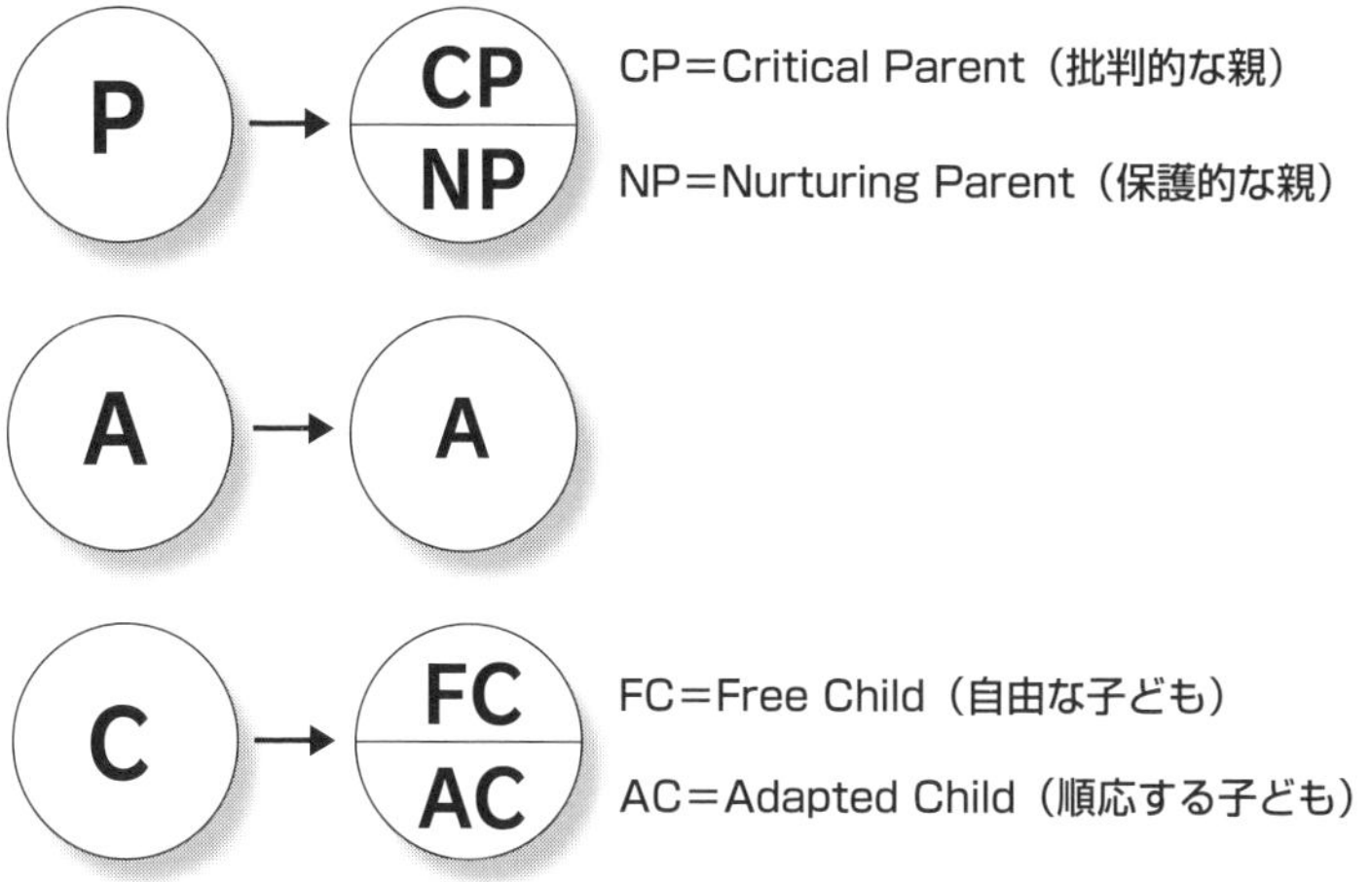

◆NP……養育的なⓅ。保護的、支持的、受容的な態度

Ⓐ……これはコンピュータにたとえられる部分で、論理の法則に一致する状態です。「いま、ここ」という状況のもとで、もっとも適切な問題解決法を探しだそうとします。Ⓐはいつでも感情に支配されない自由な立場をとりますが、完ぺきに近い、理想的な生き方をするという意味ではありません。データを収集し、それらを合理的に判断する部分です。

Ⓒ……本質はさまざまな感情であり、それらを表わす方法がⒸの特色となります。Ⓒには次の二つの面があります。

◆FC……自由なⒸ。性格のなかで喜びに満ちた、もっとも美しい部分です。この状態にいると、よく遊び、よく笑います。また、直観力や創造力も働きます。

◆AC……順応したⒸ。自分をしつけようとする親に対して順応している姿です。相手の期待に添うために妥協したり、場合によっては相手の指示に反抗して、すねたりうらんだりします。

〔症例一〕S君（一三歳）不登校

不登校の子どもに交流分析を応用する場合、まずストロークを与えて、ラポール（信頼関係）をつけることが大切です。それには、治療者は自分のNP（養育的なⓅ）から子どものⒸに働きかけ、体に関する話題から面接を始めるのがよいと思います。

たとえば、「よく眠れますか？」「毎日のご飯はおいしく食べられているかな？」「体の調子はどう？」「どこか調子の悪いところはない？」といったたぐいの、具体的な質問から始めるようにします。

不登校児は、しばしば内心を語る言葉を失っているものです。多くの子どもは不安を体で訴えますが（体ことば）、それは赤ちゃんが母子一体の状態で安心するのと通じます。まず体について全面的に受け入れる姿勢を見せて、安心感を与えるようにします。

次に、だんだんゆっくりと気持ちを聞いていきます。パネルや黒板などで、Ⓟ、Ⓐ、Ⓒを紹介したあと、次のように話を運びます。

治療者　体がくたびれて行けないんだね。それはⓅⒶⒸでいえば、何が言っているんだろうね。

S君　Ⓒだと思います。

治療者　そうだね。Ⓒは学校へ行けないと言っている体ですね。

S君　はい、朝になっても体は目が覚めない。行こうとすると体が重い。

治療者　先生もそう思うよ。Ⓒは行けないと言っているんだね。じゃあ、いま、ⓅとかⒸとかの自分を見ているのはなんだろうね。

S君　Ⓐですね。

治療者　じゃ、そのⒶで少し考えてみよう。Ⓐの目で見ると、君の心のなかには学校に行かなきゃいけないと思う自分と、行けないという自分があるわけだね。しかし、行かなきゃいけないというⓅについては、君も先生もよくわかっているから、これはもういいことにしましょう。

S君　はい。（安心したようす）

治療者　きょうはね、Ⓒに話をさせてみようよ。Ⓒは十分に発言権を得ていない感じだからね。もし、君の体が口をきけたとしたら、なんと言いたがっているだろうか？

S君　さあ、うーん、と……。

治療者　体になって考えてごらん。体が言葉を話せたら、なんと言うだろう？

S君　起きられない。体がきつい。

治療者　そう、起きられないということは体が起きないでいるということだね。もし体に口があったら、なんと言いながらベッドにいるんだろうね？

S君　学校がイヤだ。

治療者　なぜイヤなの？

S君　ママがどうしても学校に行けと言うから。医者になるために、学校に行かなきゃいけないって言うんです。

治療者　なるほど、君には行きたくないという気持ちがあるようだ。行かなきゃいけないという気持ちと、行きたくないという気持ちの二つがある。

S君　はい。

治療者　心のなかで二つの気持ちが戦っているみたいね。どう、きょうは行きたくない気持ちをうんと話してみない？

S君　でも、そんなことを言ったらママに叱られます。

治療者　そう、おうちではね。でもここでは何を言ってもだいじょうぶなんだよ。ヒミツは守ります。君の気持ちはどんなものでもだいじなんだから……。行きたくないという気持ちを話してみない？

S君　僕は医者になんかなりたくない。ママが医者にさせようとしても僕はイヤなんだ。（泣く）……ママはそう言うけれど、僕は、本当はほかのことがやりたいんだ。英語が好きだし、外国に行きたい。旅行会社のガイドみたいな人になりたい……。

この種の初期面接の導入では、治療者は以下のような要約をして、患者とゴールについての合意をするようにします。

「君のなかには、学校に行かなきゃいけないというⓅの気持ちと、行きたくないというⒸの気持ちの二つがあって、両者の間に戦いが起きている。このために調整役のⒶがくたくたになってしまい、莫大なエネルギーが心のなかで消耗される。おそらく、そのために朝起きられないのでしょう。君のなかの行きたくないという気持ちは正当なものだと思う。だから、しばらく二つの気持ちを戦わせて、それをどうすればいいのか、自分で決めればいいのです」

■図4：Ⓒの締め出し

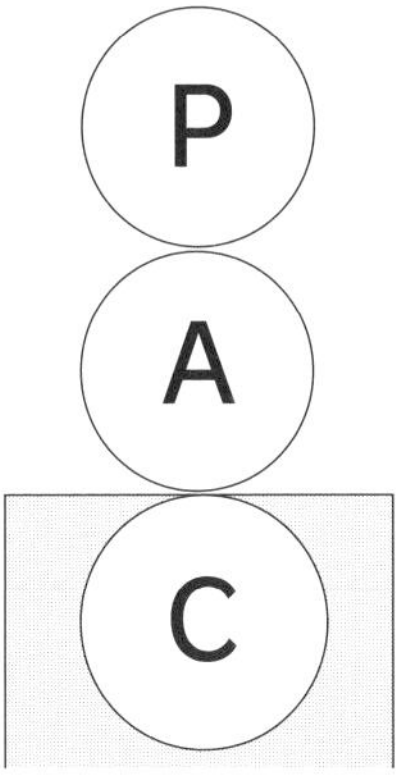

思春期における不登校は、成績低下などの挫折体験が引き金となって始まりますが、もっと幼い子どもの場合、多くは「行かなければいけないとわかっているけれど、朝になると行けなくなる」と訴えます。

つまり、患者はなぜ自分が登校できないのかわからず、体がいうことをきかない状態にあるのです。自我状態を見ると、Ⓒが図４のように疎外されています。そこで交流分析では、まずこのⒸに気づかせ、発言権を十分に与えることで、患者が全体の自分を取り戻すように援助していくのです。

3 交流パターン分析

これは、二人の間のコミュニケーションをⓅ、Ⓐ、Ⓒにもとづいて分析し、明確にするものです。TAでは、すべての交流は次の三つに分類されます。

【相補的交流】

図5—aのように交流のベクトルが平行しているタイプで、あいさつ、情報の交換、相互信頼にもとづく医者・患者関係など、期待どおりの交流が行なわれる場合です。

【交差的交流】

図5—bのように予想外の反応のために、ベクトルが交差するもので、意見の対立、親子の断絶、心理療法における転移などがあげられます。

【裏面的交流】

図5—cのように、形に現われる顕在的な交流と潜在的な交流の両方が同時に行なわれている複雑な関係です。たとえばお世辞、皮肉、異性に対する内心とは裏腹な態度などに見られます。

この種の分析は、人に対する対処のしかた、他人のあなたに対する対処のしかたを、意識的に統御することができるように学習するものです。この際、コミュニケーションに関する次の三つの原則を理解し、駆使するように患者さんを指導します。

●ベクトルが平行していれば、その話題に関するコミュニケーションはえんえんとつづく可能性がある。

●ベクトルが交差するときには、その話題に関するコミュニケーションは中断する。
●表面的なコミュニケーションのみに焦点を合わせていては、相手の行動を予測することはむずかしい。裏面交流の結果は、潜在的レベルで決定される。

■図5：交流パターンの分析

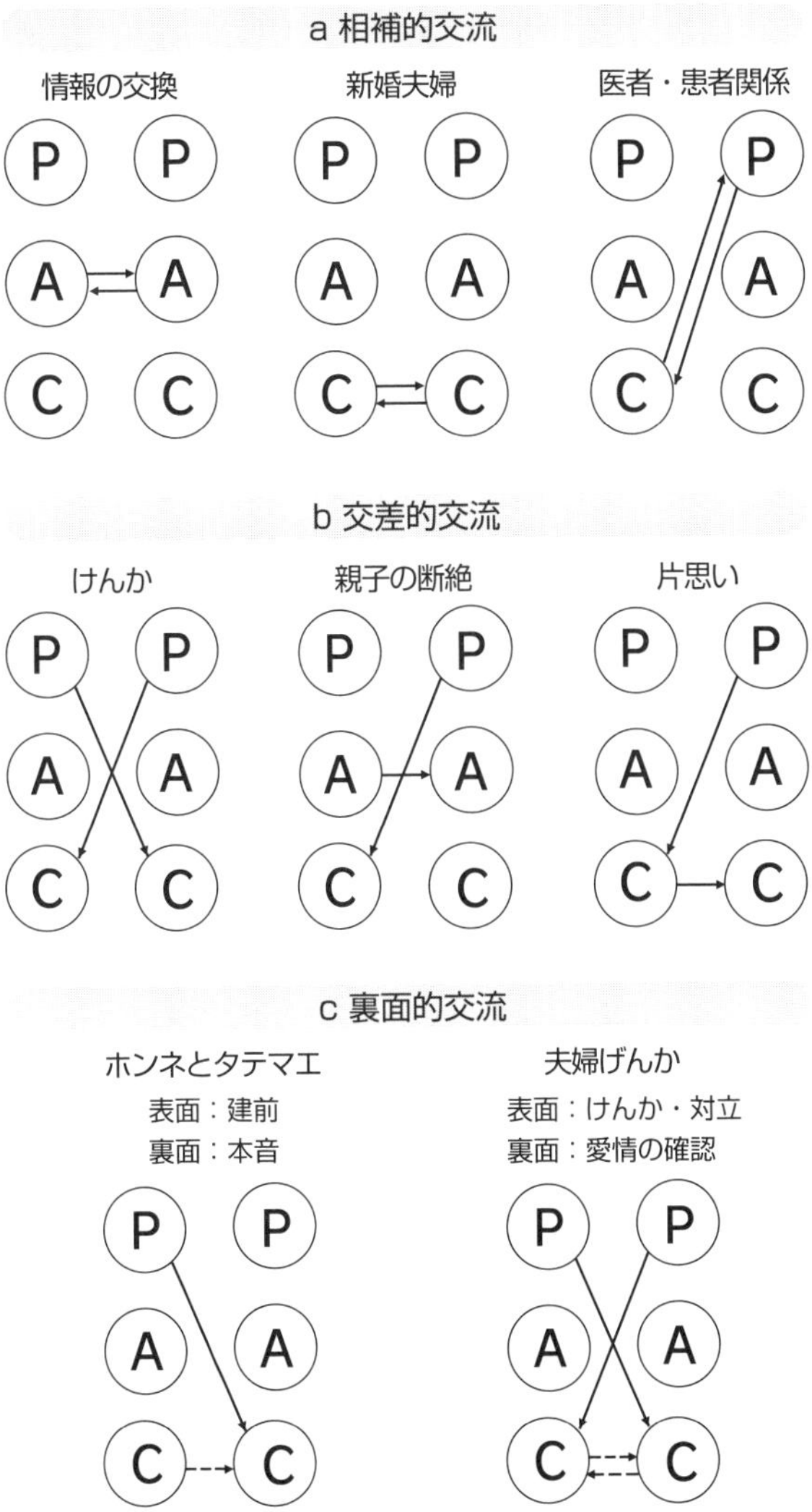

〔症例二〕Y君（一四歳）問題行動

Y君は、両親がある宗教の熱心な信者であり、幼児からきわめてきびしく育てられました。欲望は罪悪であると教えられ、なかでもセックスに関する話題はタブーで、家では口にすることも許されませんでした。

思春期をむかえる頃になると、彼も女子生徒や週刊誌の記事に興味を示すようになりました。これに平行して両親のしめつけはいっそうきびしさを増したのです。母親は、息子の留守に部屋に入り〝いかがわしい写真〟などを隠していないか丹念に調べるのでした。やがて机の引き出しから一枚のヌード写真が見つかりました。その晩、両親はY君を正座させ、一時間あまりも説教をして、「二度とこんなものを家に持ちこんではいけない」と申し渡したのです。

しかし、親子の交流は、この日を境に悪化してしまいました。まもなく、本の間から数枚のヌード写真が発見されたのです。重なる説教の間、Y君はただふてくされた顔で沈黙しているだけでした。

しばらくすると、今度はポルノ雑誌が何冊も机の上に投げだされていました。母親はお手上げの状態で、今度は息子に嘆願したのです。

「お願いだから、お父さんの手前やめて！」

Y君は「ハイ、ハイ、わかったよ」と答えるのでした。

しかし約束は守られず、ついにヌード写真のうず高い山がベッドの下からも発見されたのです。この時点で、「もう一度だけ見逃してやる」と忍耐しつづけていた父親は、怒りを爆発させ体罰を下し、「出て行け！」と叫びました。

彼の一連の問題行動が始まったのはこの頃からでした。その後数年の間、両親は幾度も学校から呼び出され注意を受けましたが、Y君の行動をおさえることはできませんでした。多くの場合、異性関係をめぐるトラブルでした。


これは、親子の交流が交差し、ついに断絶に至った例といえましょう。なぜ、このような不幸に至ったのでしょうか。

いわゆる良家の子女が起こす性的な非行やトラブルのいきさつなどを見てみると、この種の交流の行き違いが原因になっていることがよくあります。親はきびしいⓅから、「お前のためを思って注意しているのだ。セックスなんかに心をうばわれないで、一生懸命勉強をしなさい」とさとし、自分が正しいと信じる方向になんとか子どもを導こうとします。もちろんこれが間違っているとはいえません。しかし、TA的に見ると、ここでは子どものⒸによる裏面的交流が見落とされています。

思春期の子どもは、親に対して秘密をもちはじめます。これは自分の肉体の変化や、親とは別に悩みをわかちあう仲間ができることが原因で、新しい自分（自己同一性）を見いだそうとしている姿なのです。

　こうした「本当の自分」を探る作業は、内面性を探ることを意味し、親に対して秘密をもつという形態をよくとります。だまって部屋に入るなとか、引き出しや日記帳を見るな、と親に抗議するのはこのためなのです。

　こうした裏面的交流を通して訴えられる、子どもの成長の過程は苦痛に満ち、またさびしいものなのです。親は子の〝秘密をもった孤独な気持ち〟をくみとって、ときには何も言わずに見守ることも必要です。

　ことさら親を困らせる言動に出る子どもは、過剰な干渉や支配をともなう親のⓅのために、孤独を愛せなくなっている子どもであるともいえましょう。

　建設的でない交差的交流を避けるためには、かねてから慣習化している反応様式を一時ストップして、〝間〟をとることが原則です。〝間〟をおくと余裕ができ、相手の誘いにのらぬ態勢ができやすくなります。これは、Ⓐの自我状態を活用することを意味します。

　また、心身医学的な立場からいうと、〝間をとる姿勢〟をつくることも重要です。具体的には、肩の力を抜いて背筋を伸ばした姿勢で、相手の目を静かに見るようにします。あるいは自律訓練法の姿勢をとるのもよいでしょう。

　このように、体のほうからの自己コントロールによって、心身の弛緩《しかん》と統一の状態をこしらえ

■図6：ゲームの方程式

C	+	G	=	R	→	S	→	X	→	P.O.
con		gimmick		response		switch		cross-up		pay off
仕掛け	+	弱点をもつ相手	=	反応	→	交差的交流（切り替え）	→	混乱	→	結末（利得）

（出典　Berne, E. : What Do You Say After You Say Hello? p.23,Grove Press, 1970）

てから対人関係にのぞむと、裏面的交流への誘いをうまくかわせることが多いものです。

4 ゲーム分析

交流分析を提唱したE・バーンによると、TA特有の用語である「ゲーム」とは、「一定の周期性をもつ交流で、しばしば反復的であり、その奥に動機を秘めているもの」と定義されています。ゲームの分析はTAの中核をなすもので、裏面的交流のなかでもとくに習慣化したケースを分析する方法です。ゲームはさして害のない簡単なものから、自己破壊に至るほどの複雑なタイプまで、いろいろなレベルで演じられます。

バーンは、人びとの生活に見られる反復的な交流のなかで、図6の方程式にあてはまるものにかぎってゲームと呼ぶことを提唱しました。ここでは、日常よく見かける「はい、でも」(水かけ論)の例をあげて、ゲームの経過を観察してみましょう。

〈症例三〉就職の相談（「はい、でも」のゲーム）

就職をひかえた学生が友人に相談をもちかけてきます。

学生　というわけで、マスコミ関係の仕事をしたいと思っているんだよ。君はどう思う？

友人　親父さんと同じ業界だね。いちおう、親父さんに相談してみたらどうだい？

学生　うん、でも、親父は自分のことは自分で決めろって言うんだ。

友人　それもそうだな。君がその気なら、それでいいじゃないか。

学生　うん、でも本音は不安なんだ。将来の安定性を考えると、ちょっとキツイような気もするしね。

友人　君の先輩がマスコミ関係の仕事をしているだろ。その人に将来のことなんか聞いてみるといいよ。

学生　そうだね。でも、誰だって自分の仕事のことを悪く言わないに決まっているからなあ。

友人　君がその仕事をやりたいというんなら、そうすべきだと思うよ。

学生　でも、ほかにも道があるように思えるしね。どうだろう？

友人　マスコミ関係の資料を集めてみたかい？

学生　もちろんさ。でも、どこの社もそんなに違いはないんだよ。実際に社員に話を聞いても、どうせマスコミ人種だから口はうまいだろうしな。就職するならやっぱり公務員のほうが安全パイかな。

友人　……（勝手にしろよ！）

まず、仕掛け人（学生）はかくれた動機をもって、ゲームにひっかかってくる相手（友人）を探し求めます。そして弱点をもった相手がワナにかかって「反応」を示すと、ゲームは進行しはじめます。

症例のように仕掛け人は相手に質問したり、問題を提起したりします。相手はこの誘いにひっかかって、こまかい説明をしたり、「……したらどうか」といった解決法を示したりするのですが、仕掛け人は「はい、でも…」と反論しながら、相手の提案をことごとくしりぞけていきます。この種のやり方がえんえんとつづくと、どんなに好意的で親切な相手でもついに当惑し、多くの場合沈黙します。そして、この段階で相手の気持ちに変化が起こります。これが方程式にある「切り換え」です。おそらく相手はイライラがこうじて、仕掛け人と口論になったり、ときには雑言《ぞうごん》を浴びせたりするでしょう。こうして両者の交流は「混乱」状態になるのです。ゲームは最後に思いがけない結末（けんか別れなど）をもって幕を閉じます。ＴＡでは、とくに結末で両者が強い不快な感情にかられることに注目します。典型的なものとしては、怒り、自己嫌悪、後悔、罪悪感、孤独感、憂うつなどがあげられます。

「はい、でも」を演じる人は、裏面では「私はどんなことがあっても、自分の考えを曲げない」、あるいは「私を説得できるなら、やってみるがいい。絶対にあなたの言うとおりにはならないから」といった態度で、かたくなに自分の立場を守ろうとします。こういう人は、幼少時にすべてに支配的だった親（精神分析でいう自己対象）に消極的な敵対心をもち、反抗しているのですが、当人はそれにまったく気づいていないのです。ＴＡ的にいうと、ゲームはⒶが働いていない状態といえます。

ゲーム分析の方法には、この「ゲームの方程式」以外にもいくつかあります。これについては、本書でじっくり学んでいただけるでしょう。

では、このようにゲームが演じられたら、どのようにすればよいでしょうか。ゲームに対する処方は〝気づいてやめる〟ことに帰します。具体的には次のような打ち切り方が考えられます。

①「切り換え」の瞬間に気づいて中断する。
②代替案を使う。
③最初の「わな（餌《えさ》）」に飛びつかない。
④否定的な結末を避ける（不快感情にひたらない）。
⑤肯定的な結末にもっていく。
⑥肯定的ストロークを与える、求める、受ける。

交流分析を応用して、たくみにクラス運営に成功したT先生のケースを紹介しましょう。

〔症例四〕T氏（四二歳）問題行動の多いクラスでのゲームの打ち切り方

小学校のT教諭は、四年生のクラスを受けもってあぜんとしました。とにかく授業ができないのです。席に着かない、大声で騒ぎ歩きまわる、窓からものを投げる、給食のときはマーガリンでウンチを作って遊ぶ等々。もちろん、叱ったり、注意してもおさまるものではありません。この間、学校側と親たちは、相互批判をくり返し、「親のしつけが悪い」「いや、生徒になめられるようでは教師の資格はない」といった応酬が交わされました。

T教諭は莫大なエネルギーと時間をかけながら、教育効果がさっぱり上がっていない状態をゲームととらえてみました。これまで教師と児童の間にどんな交流があったのだろうか、これを知るのが先決と考えたT教諭は、子どもたちの思いを作文に書かせることにしました。すると教師の位牌《いはい》の絵まで書き添えた不満と怒りの文章が返ってきたのです……「先生のバカ！」「好かん！」「邪魔者」。そのなかでも、とりわけめだったのは「先生はひいきするからイヤだ！」というテーマが一貫して出されていました。T教諭は、子どもたちの心の痛みをだいじにしようと決心しました。

まず〝ひいき〟について話し合いの時間をもち、児童の気持ちを聞くことにしました。「前の先生は朝早く来て僕らを見ていた。そこで同じことをしても注意される子と注意されない子がいる。これはひいきだ」。トラブルの中心となる一〇人ばかりの子どもが、こんな不満をつぎつぎと訴えました。T教諭は、じっと耳を傾けました。

ついに何人かの児童が言いました。

「先生もひいきするんだろう?」

T教諭は、その裏に「先生ひいきしないで」という切実な声を感じました。しかし、ただ「ひいきはしません」とだけ言っても、それこそ子どもたちが聞きあきた答えであり、彼らの不満と疑いを強化するだけだろうと思いました。そこで話し合いの時間の終わりに「先生はみなさん全員をひいきします」と宣言して、どんなふうにひいきしてほしいか、質問してみました。

「バカと言わないでほしい」などなど、多くの希望が述べられました。それらは先に作文に書かれた教師に対する訴えを、逆にした内容のものばかりでした。

T教諭は、そのあとクラスの一人一人の生徒のよい面をできるだけ指摘し、認めるようにしました。また、監視的なⓅで生徒を扱うのを努めてひかえるようにもしました。しかし、これは生徒の言うなりになることではありません。しつけを放棄していない態度を印象づけ、具体的には、とくに授業の始まりと終わりの時刻をきちっと守るようにしました。

この方法で生徒は落ち着きを見せてきました。学年末には、〝トラブル・クラス〟の汚名は完全に返上され、学習態度も著しく好転したのでした。

人はプラスのストロークが不足すると、マイナスのストロークを求めて行動するものです。子どもたちの問題行動の多くは、この法則で理解することができます。

ゲームは否定的ストロークのやりとりが習慣化したものです。否定的ストロークの交換がつづくと、当然否定的自己像ができあがり、その結果、「お前はダメな子だ」という評価を受けやすくなります。この意味で、「私はＯＫでない」と言う否定的構えを確認するのがゲームの特色となります。また、否定的ストロークが外界に投影されると、「教師（親）が悪い」というような「他者否定」の構えを証明したがるゲームとなります。

ゲーム分析の目的は、何よりもゲームを断つことにあります。Ｔ教諭はまずⒶになり（作文を書かせる）、次に「あなたはＯＫ」という構えに徹して、ひたすらプラスのストロークでのぞみました。このアプローチはカウンセリングでよくいう無条件の肯定的尊重と相通じるものといえましょう。

5 脚本分析

ＴＡでは、人が強迫的（自分で止めようと思っても不可能なこと）に演出する人生のプログラム、無意識のうちにつくりあげる人生計画を脚本といいます。

脚本分析では、ある種の筋書きどおりに生きる人びとが対象になります。親子二代（ときには三代）にわたって事故死、倒産、薬物依存、離婚などをくり返す人びとなどがその例です。こうした運命強迫的なできごとも、客観的に見ると、幼少時の外傷体験（トラウマ）など、親を中心とする周囲の影響のもとで生じ、その後の対人関係や他の人生体験によって強化された人生のプログラムであることがわかります。

■図7：脚本の母型（スタイナー、1974）

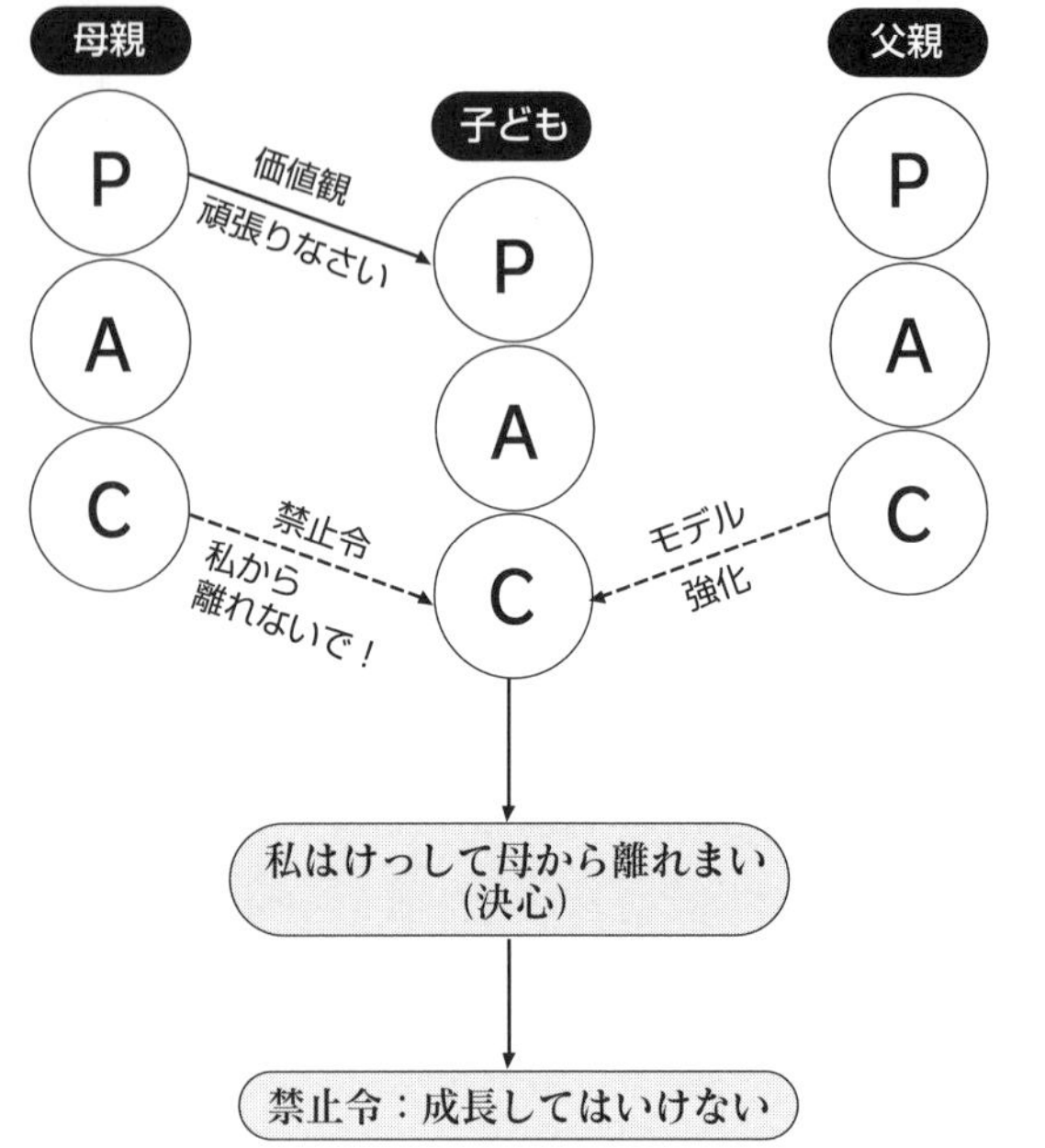

脚本では、幼少時に親のⒸから子どものⒸへと、言語的あるいは非言語的に伝えられた脚本の基礎メッセージを、禁止令と呼びます。

たとえば、親から「お前さえいなければ、お母さんは離婚できたのに」と聞かされたり、息がつまるほどの虐待を受けて育ったとすると、子どもは「依存するな（甘えてはいけない）」、あるいは「生きていてはいけない」という破壊的なメッセージを受けることになります。これを受けて、子どもが「私はいつか死のう。そうすれば

■表3：禁止令

1	存在してはいけない	Don’t exist.
2	男（女）であってはいけない	Don’t be the sex you are.
3	子どものように楽しんではいけない	Don’t be a child.
4	成長してはいけない	Don’t grow up.
5	成功してはいけない	Don’t make it.
6	実行してはいけない	Don’t
7	重要な人物になってはいけない	Don’t be important.
8	みんなの仲間入りをしてはいけない	Don’t belong.
9	愛してはいけない（信用してはいけない）	Don’t love.
10	健康であってはいけない	Don’t be healthy.
11	考えてはいけない	Don’t think.
12	自然に感じてはいけない	Don’t feel.

（出典　Goulding, M.M. & Goulding R.L.:Changing lives thuough redecision therapy. Brunner/Mazel, New York, 1979.）

母は私を愛してくれるだろうから」といった決意をすると、親の禁止令は子どもの人生すべてに支配力を発揮することになると考えられるのです。わが国のことわざでいう「三つ子の魂百までも」がマイナスの形に現われた姿といえるでしょう。

前述のグールディング夫妻は、脚本の形成にあずかるこの種の破壊的メッセージを、表３のようにまとめております。

脚本から脱却するには「脚本チェック・リスト」などに従って、自分の生育歴を系統的に調べ、親からの禁止令を許可証に書き直す方法があります。また、親の禁止令に対して自分が幼時に決断（態度の決定）した状況を再現し、いまより建設的な生き方を選択する再決断療法も行なわれています。再決断療法については本書の第五章でくわしく学んでいただきますが、ここではその要点を示す例を紹介しましょう。

〔症例五〕Mさん（三五歳）結婚への迷い

看護婦のMさんはやさしく、多くの患者から感謝され、職務にも忠実でした。しかし、彼女の結婚に関する態度は周囲の人が頭をかしげるものでした。話がまとまりかけると、必ずといっていいほど、最後に壊れるというパターンがくり返されていたからです。Mさん自身も、このままでは一生結婚できないかもしれないと考えるに至り、TAに助けを求めてこられました。

構造分析、交流パターン分析を十分に学習したところで、治療者は、男性を追いやって、最後に自分もみじめな気持ちになるのは、MさんのⓅ、Ⓐ、Ⓒのどの自我状態か考えることを提案しました。

彼女は、「それはⒸです。父は酒を飲んで帰ると母に暴力をふるったのです。私は男はケダモノだと思いました。幼な心に、私は一生母をかばってやろうと決めたのです」と答えました。しかし、同時に「しらふのときの父親のやさしさも忘れられない」とつけ加えたのです。

治療者とMさんは、両親の不和と母親のぐちが原因になって、彼女が「男性を愛しては（信用しては）いけない」という禁止令に従ってきたことを確認しました。治療者は、すでに父親亡き現在、母親が自由な身になって、娘の助けを必要としなくなっていることを指摘しました。彼女はそれをⒶをもって肯定したあと、ＮＰ（養育的なⓅ）から「自分も男性を愛してもいいのだ」という許可を与え、さらにＦＣ（自由なⒸ）から「好きな人を拒まずに愛そう」と決心しなおしたのです。

その後、Ｍさんは治療者の助けを借りつつ、男女交際の場に参加したり、好意をもてる人とデートを重ねるなど、自分の感情に素直に行動していきました。現在では結婚して一子をもうけ、家庭と職場を両立させつつ幸せに暮らしています。

ＴＡの究極の目的は、このような脚本――人生と運命への反応様式――の分析を通して、人生の計画を自らの統御のもとにおくことにあるのです。

Ⅱ ゲシュタルト療法

交流分析ではゲシュタルト療法の手法をしばしば活用するので、両者は密接な関係にあります。この二つは、ともに人間学的心理学派というカテゴリーに属します。そこでここではまず、交流分析とゲシュタルト療法の両者のバックボーンというべき、人間学的心理学の発生や特徴についてふれておきましょう。

1 人間学的心理学

人間学的心理学とは、一九五〇年代に米国で起こった心理学の改革運動で、自己本来の可能性の発見、自分の存在意識への気づき、責任と選択にもとづく本意的な生き方などをその主なテーマとしています。人間学的心理学の多くは実存哲学の影響を受けて発展しましたが、日本でよく知られているのはC・ロジャースの来談者中心カウンセリング、エンカウンター・グループ、J・モレノの心理劇や、ロール・プレイ、F・パールズのゲシュタルト療法、A・エリスの論理情動行動療法、V・フランクルの実存療法などです。

これらの治療法が台頭した背景には、科学やテクノロジーへの疑問、物質的価値観への信頼の喪失などがあり、家庭の崩壊やコミュニティ意識の消失などによる不安と孤独感にかられる人びとの存在にも大きく関わっています。

こうした状況のもとでは、精神内界を探る従来の精神療法に取り組む余裕を失った人びとは、親密さが得られ、早急でときに劇的改善をもたらす方法へと引かれはじめました。これらのアプローチは患者・非患者の区別をしないので、自分が病者だと意識せず安心して集団に参加でき、人間的な温かさや自由な感情表現が許され、人生の意味について考える機会を与えてくれます。こうした側面は、認知の歪みを解釈によって正す、あるいは行動を機械的に再条件づけることを目的とする、従来の心理療法の弱点を補う役割を果たしているものといえましょう。

米国の著名な精神分析医であり、来日経験もあるJ・マーマーは精神力動論から、人間学的心理学の諸法の治療機序（メカニズム）を考察し、次の五つに分類しています。

①感情そのものを発散する療法
②身体操作に重点をおく情動発散療法
③情動コントロールとリラクセーション
④宗教体験、インスピレーションをうながす療法
⑤その他、同病者の同一化、意識的認知の促進などの療法

彼はこの①～⑤のうち、ゲシュタルト療法は①に属する療法であると位置づけております。抑圧された感情を発散させることが精神保健の王道であるという考え方です。これは、フロイトが初期に提唱したカタルシス（除反応）の概念にもとづく作用で、不安のもとをなす幼時の外傷体験を想起し、それに結びついている苦痛な感情を発散させれば病気が改善される、というものです。

しかし、ゲシュタルト療法の目的とするものは、これにとどまりません。自己認識の欠如に気づくことにより、心身のホメオスタシス（恒常性）と人格の統合をめざします。くわしいことは症例をあげながら以下で説明していきましょう。

2 ゲシュタルト療法とは

ゲシュタルト療法は、F・パールズによって創始された統合的、実存主義的な心理療法で、

■図8：顔と杯（図地反転）

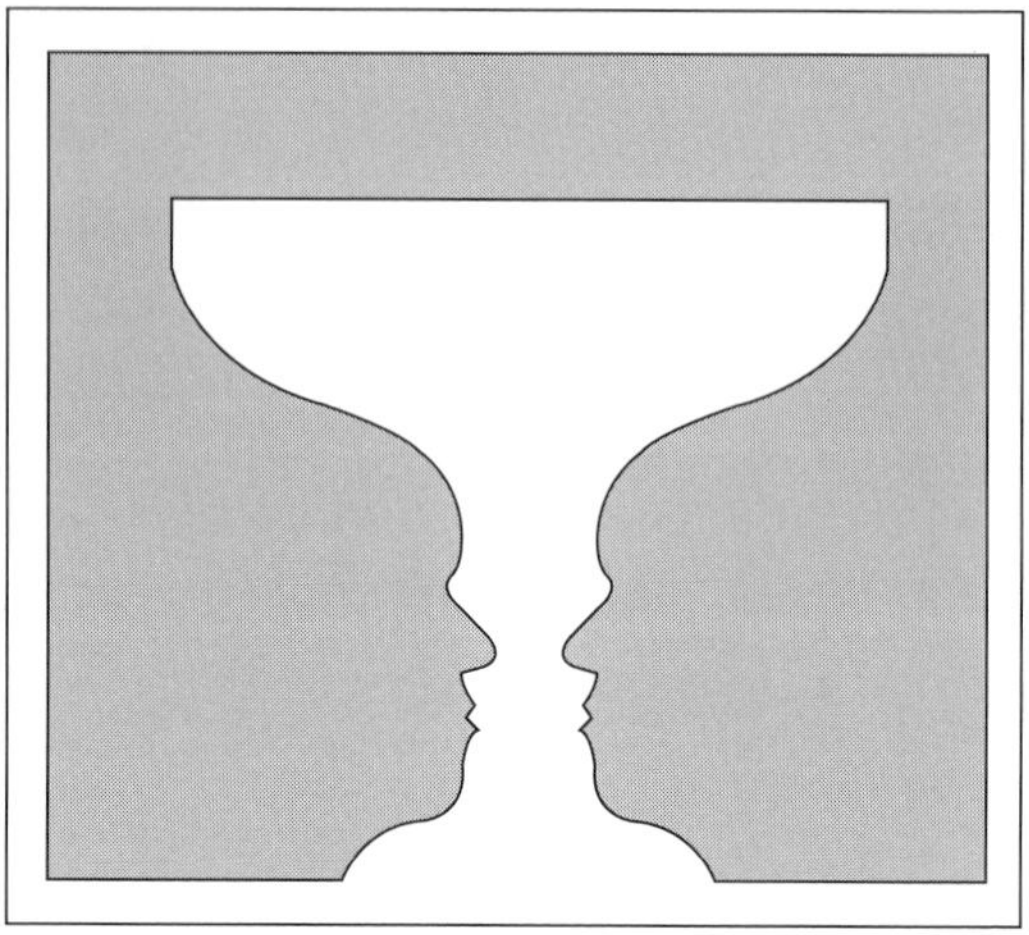

「いま、この時点」の治療場面で、〝気づき〟によって心身のホメオスタシスと人格の統合をめざすものです。ただし、ここでいう気づきとは、心身のかかわりあいを知的に理解することではありません。感官的・内臓的体験（たとえば体のどこかの感覚）を象徴的にとらえ、意識することです。また、外界ではなく、人間の内部に、自分を変える、支える力があることを体験します。

パールズは、理論よりも体験を重んじる人であったため、アカデミックな著書をあまり残しておりません。そこでゲシュタルト療法を実践する治療者は、それぞれが個性的な技法を用いますが、いずれもその基礎には次のような考え方をもっております。

①人間の経験全体（ゲシュタルト）は「図と地」の関係にある。「図」とは関心のまとと

なって反応を起こさせるものであり、その他は「地」として背景へ押しやられる（図8）。「地」は「図」を引き立たせる役割をもち、次にまた図となるべきものを提供する。このゲシュタルト形成のスムーズな流れの中断が病的な状態をもたらす。
②「いま、ここ」という時点での自己への気づきが、精神の成長、変化、治癒をもたらす。これは要求の直接的な満足や、デジタル時計のような時間の狭隘《きょうあい》な限界を意味するものではない。むしろ、内外の感覚体験のなかで、いまと次の移行点に焦点を合わせ、自分にとって望ましい選択を行なうことである。
③人は、自分の感情、行動、思考に対してすべての責任を引き受けるときに、成長・変化する。とくに本来自分に属する感情と思考を手放して、他者や外界にばらばらに投影している姿に気づき、統合された人格を取り戻す作業を重視する。
自分の感情に責任をもつということは、べきとか義務を課するということではなく、むしろresponse-ability、すなわち自然に備わっている反応能力をフルに発揮する、という意味である。
④べき主義や現状維持を手放して柔軟な態度になると、変化はストレスでなくなる。
⑤個人の内界に相対している力は、ありのままの姿で戦う機会を与えられると、互いに相手の存在を認め、最終的には調和・融合に至る。意図的な努力によるよりも、ホメオスタシスの働きにより、変化は自然に到来するものである。
以下、症例を通して、臨床場面で用いる主な技法を紹介しましょう。

3 責任をとる練習

〈症例六〉D氏（四三歳）肥満症

患者さんは中間管理職の男性（四三歳）で、肥満を指摘されているのですが、「やせなければならないことはわかっているが、どうしても減量できない」と訴えてきました。治療者は次のようなかたちで患者の抵抗を処理してゆきます。

D氏　医者から、運動して体重を減らすように指示されているのですが、仕事が忙しくて運動なんかできません。

治療者　できない？　本当にそうですか。たとえば朝の食事の前や、夜九時過ぎに誰もいないところでジョギングするとか……。

D氏　まあ、やる気があれば、そんな時間にできないことはありませんよ。でも、家ではもう少しゆっくりしたいし……。

治療者　じゃ、できないのではなくて、やる気の問題と言ってもいいですか。

D氏　まあ、たしかにやる気が本当にあれば、私の立場で運動は不可能なことではありませんね。

治療者　すると、もっと正確に言うと、必ずしも時間の問題じゃない。あなたが自分から運動しない、ということですか。

D氏　ええ、認めるのはいやだけど、そのとおりです。私が時間をつくって運動しようとしない。実際はそうですね。

治療者　少しきつい言い方ですが、あなたは運動をする気がない。そう言ったら言いすぎだろうか？

D氏　そりゃ、ぜんぜんする気がないというのはひどいですよ。私だって体重を減らしたいですからね。（声が大きくなる）

治療者　いまのおっしゃり方からすると、減らしたい気持ちが強いようですね。

D氏　気持ちだけじゃダメですよね。実行しなくちゃ。そう言いたいんでしょう。やりますよ。議論したってはじまりませんし、時間をつくって運動します。

ゲシュタルト療法では、生きることは外界との葛藤《かっとう》の連続であると見ます。また、人間の成熟は外界からのサポートを離れ、内界からのサポートを求めることによって達成されるとし、それに必要な能力は自分の内部に備わっていることを強調します。

したがって本法では、環境や他者に責任転嫁する言動を問題にし、その修正を求めます。「できない」という言い方を指摘するほか、「○○が私を怒らせる」「がっかりさせる」などといった使役的表現を、「私が一人で怒っている」「がっかりしている」という主体的表現に変えてみるようにすすめます。また、「人はみな」とか「それはふつう」など一般化した論法を、「私（自身）

は」と第一人称に言い直す方法などもよく用います。

4 あき椅子を用いた行動修正

本法では、人格のなかのアンビバレントな感情や対立する部分を積極的に指摘し、その姿を明確にするために、患者さんにそれぞれを代表する椅子から交互に発言するようにすすめます。この技法の背後には、「敵対する二者は十分に攻めあうと、たがいに肯定的な面に気づきはじめ、ついには許しあうに至る。これは内界のホメオスタシスの回復の過程であり、体内の自然治癒力（自律状態）の活性化につながる」という想定があります。

グルーディングらは、これを一歩進めて、葛藤場面を「いま、この場」という状況で再現し、昔と異なる新たな解決法を講じることで情動の修正を行なう方法をとっております。

〔症例七〕Eさん（二五歳）抑うつ状態

女性事務員のEさんは、最近、ささいなことで上司から注意されて以来、不眠、食欲不振、倦怠感をともなう抑うつ状態になりました（診断・反応性うつ病）。以下は治療過程の記録です。

Eさん 行動したいのですが、体が動きません。

治療者 その状態にしばらくひたってください。どんな体の状態ですか。

Eさん　悲しさと怒りが混じったような……。自分にハンディがあるような……。
治療者　いつ、がまんしようと決めたのですか。体に聞いてごらんなさい。
Eさん　小学校五年生のころです。
治療者　私はいま、小学校五年生です、と言ってください。すっかり五年生になって、何が起きているか話してごらんなさい。
Eさん　（泣きながら）担任の先生が、お父さんという題で作文を書くように言ったので、想像しながら書きました。すると先生が、あんたにはお父さんがいないのになぜ書いたの、と大きな声でみんなの前で叱りました。
（父親は患者が二歳のとき、離婚している）
治療者　もう一度、現在形で、いまこの場で体験しているように話してごらん。
Eさん　（これを実行する）
治療者　五年生のときのその先生に、教師として百点満点で何点やれるかな？
Eさん　零点《れいてん》です。ひどい教師です。
治療者　いまのあなたから、先生に直接抗議してもいいのですよ。
Eさん　あんたなんか零点教師よ。父親のいない子どもの気持ちがわかりますか。私がどんなに傷ついたか……。私が担任だったら、よく書けたね、とほめてあげるのに。あんたは教師をやめなさい。教師の資格なし！

治療者　よく言えました。先生はいまどんなようすですか。
Eさん　泣いて私にあやまっています。すまなかった、と言いながら。
治療者　先生になんと言ってやりましょうか。
Eさん　わかったらいいのよ。もう、私はこのことで悲しみませんから。

5　臓器との対話

筆者の経験からも、患者さんが自分の臓器あるいは症状と対話することは、分裂した心と体を結びつけるのに有効です。対話のほかに、臓器そのものに「なる」練習をするのもいいと思います。たとえば気管支ぜんそくなら「私は気管支です。私があばれるのは……」というぐあいに気管支になって、どんな状況で発作が起こるのかを、一種の擬人法を用いて表現させることもできます。この際、気管支のけいれんを身をふるわすなどして演じさせると、より効果的です。

〈症例八〉　K氏（四〇歳）頭痛

一流企業に勤めるK氏は筋緊張性頭痛といわれ、鎮静剤を服用してきましたが痛みが持続するようになりました。心理療法の必要を指示されて、治療者を訪れました。性格面では整理整頓を重んじる傾向が強い印象でした。

治療者は、まず患者にどんな頭痛か描写してもらいます。次に頭痛を頭のなかから取り出して、目の前の椅子に座らせたと想定し、この頭痛と対話するようにすすめます。たとえば、患者自身が頭痛に対し、「あなたは、どうして私を苦しめるのか」と聞いていきます。K氏の場合、即座に頭痛から「私はお前を苦しめてなどいない。なんだこのくらいの痛み、がまんしろ。だいたい、おまえは意気地なしだ」という反応が戻ってきました。この種の応答をしばらくつづける間に、頭痛とK氏の対話は、一人の権威的人物と、その人にやりこめられているK氏との会話になってきました。

治療者が、K氏の頭痛には人間関係が関与しているようにみえるがと指摘すると、彼は、「この自問自答から、たしかにそうだといま初めて気づきました」と答えました。

臓器との対話は、しばしば患者の日常生活の対人関係状況を顕在化させます。K氏の症例では、治療者は「いま、ここで行なっている頭痛との会話は誰との会話と一致しますか」「最近、誰とそんな会話をしましたか」と聞いてみました。K氏は「自分を叱責するときの部長の声を思いだします」と答えました。部長は頭の切れる優秀な人で、K氏はだいたい反論する余地なく引きさがることになるというのです。

ここで治療者は、二つの椅子を用いて、最近の部長とのやりとりの典型的な場面を、役割を交替しながら実演するようにすすめました。K氏は、上司からやりこめられて言葉につまったとき、頭を押さえ、「いま、ひどい頭痛がする」と叫びました。

治療者は、この種のワークを通して「部長との関係が頭痛の原因だ」というたぐいの解釈は与えません。むしろ、上司に対するかかわり方を含めて、どのようにして（ＨＯＷ）、自分が頭痛の一部をつくっているかの過程に重点をおき、心身相関に気づくように援助していくのです。

6 夢の作業

ゲシュタルト療法の主要な統合技法の一つに、「夢のワーク」があります。パールズは、「夢は実存のメッセージ」であり、「夢の各断片はその人の疎外された自己の部分である」と言っています。夢の断片をとりあげて、患者がそれを演じたり、対話することによって、夢の各部分が自分のあり方の一面を表わしていると気づくとき、夢が伝えようとしているメッセージを体験的に知ることができるのです。

〈症例九〉Ｈさん（三三歳）偏頭痛

ときどき夢を見るが、どうしても思いだせない、どうすればよいかと面接を求めてこられた患者さんがいました。

治療者は、「思いだせない」と「思いださない」の区別を明らかにしたのち、「まず、夢さん（ミスター・ドリーム）と話し合ってみましょう」と、多少演技まじりで、忘れてしまう夢との対話のしかたを教示しました。

「夢さん、あなたは何を避けているの？　あなたはどうして出てきたがらないの？」

「夢さん、あなたは人物ですか。動物ですか。それとも無生物？　大きさは？」

患者は次回のセッションで、大きなヘビに首をしめられている夢を報告しました。治療者は彼女に、まずヘビになり、次に首をしめられている人物になるように指示しました。

患者は最初「ヘビは母親で、痛めつけられているのは自分のようだ」と連想しました。治療者は、次に「私はヘビです」「私はヘビに首をしめられています」と、加害者、被害者という相対する役割を演じつづけるようにすすめました。

その結果Hさんは、母親に味方して父親に冷たくあたってきた自分と、その罪悪感に悩むもう一人の自分との間に心の戦いがあることに気づきました。父の生前、両親がけんかしたとき、母とともに父を火箸でたたいた記憶がよみがえり、「父を苦しめたのは、この私です」と言いました。

セッションの終わりに、治療者はもう一度、患者にヘビと被害者になってみて、その感じをたしかめるようにうながしました。彼女は「ヘビも被害者も両方とも自分です」と言い、最後に「父の死ぬ前に、お母さんのような人と結婚して損したね、と言ってあげたかった」と父親に対する愛情を表現して、しばらく泣かれました。彼女の心はこのような対決のワークを通して、愛が怒りを包むという形で統合されていきました。

夢の作業の最終目標は全人になること、すなわち葛藤を解決して統合された人格を回復することにあります。夢は必ずしも願望ではなく、異なった自分が出会って統合を求めている姿なのです。とくに悪夢は、自分の存在のどこかが誤っていることに直面するのを、本人が拒んでいるときによく見るとされています。

7 自己破壊傾向のある人に対するアプローチ

心身症患者のなかには、人生早期の愛情喪失の体験のため、否定的な自己像を捨てきれず、基本的な信頼感を欠く人がおられます。この種のケースには、自分をだいじにする意識をよみがえらせるワークが基本となります。

〈症例一〇〉Tさん（一八歳）食行動異常症

継母に育てられ、拒絶感が強いようです。一時、対人ストレスで自傷行為がありました。性格はまじめで几帳面です。

治療者　治療を始めるにあたって、前もって一つ約束をしてほしいんです。自分を傷つけたり、自殺をしたりしないと。

Tさん　さあ、できません。

治療者　「できません」、それとも「しません」どっち?

Tさん　わからない。

治療者　では、きょうは一つのワークに協力をお願いします。この椅子の上に、揺りかごが置かれ、なかに生まれたばかりの自分がいると想像してください。……できましたか。

Tさん　はい。

治療者　生まれたばかりの赤ちゃんですよ。どうしてあげたい？　自由に何を言っても、何をしてもいいのです。

Tさん　（しばらくたじろぐが、やがて赤ちゃんに接近して、胸に抱く動作をする）

治療者　「イヤな子、おまえなんか死んでしまえ」と言いますか？

Tさん　いいえ、「かわいい子、ママがかわいがってあげるからね」と言います。（泣く。何回も愛撫する）

治療者　さあ、思ったとおりのことを言ってあげて。

Tさん　かわいい子、幸せになってね……。ママが守ってあげる。あんたはだいじな子なんですから。

治療者　（十分に愛情表現が行なわれたあとで）……　いま、あなたの胸にいる赤ちゃんは誰でしたっけ？

Tさん　私です。

治療者　そうですね。あなたはご自分をずいぶんだいじにする人だ、とわかりましたよ。

Tさん　（泣きつづける）

治療者　どう？　もう自分を傷つけたり、自殺したりしないと約束しますか？

Tさん　私はもう自分を傷つけません。

治療者　私はあなたを信用します。これからも自分を傷つけたくなるかもしれない。そうなったら早く主治医の先生に話して、助けてもらってください。では、最後に、赤ちゃん（あなた自身）に、私はあなたをいつまでもかわいがってだいじにしてあげますよ、と話しかけてください。

Tさん　（しっかりした声で、これを実行する）

8　ゲシュタルトの技法について

パールズは、ゲシュタルト療法では知的探索を重視せず、気づき（アウェアネス）を中核とした体験を強調していました。このためにともすると本法に対しては、アカデミックでないという批判もあります。しかし、臨床的にみるとき、C・R・ロジャースのいう「感官的・内臓的な経験を象徴化し、意識化する」ための方法がアウェアネスであり、この種の気づき自体がそれまでのゆがんだ心身のホメオスタシス（恒常性）を再平衡化《さいへいこうか》し、変化をもたらすという生理学的な方法と理解するのが正しいと思います。

ゲシュタルト療法では、相対立する二つの力の間にある戦いが表面化すると、戦いのあとに互いが相手方を許し妥協するか、あるいは相手の存在を知ることができるという想定があります。精神分析的にみるとき、これはアンビバレンスあるいは抵抗の処理（用語集283ページ参照）に対応するものと思われます。人は、自らを変えるとき、変化にともなう抵抗を自分自身のジレンマ、すなわち内心の葛藤としてとらえなければなりません。しかし、実際はその抵抗はしばしば親や治療者自身に対して向けられ（精神分析でいう転移）、患者さんに客観視させることは困難な作業になります。この大きな原因は、治療者が勝つか負けるかという勝敗の雰囲気に巻きこまれて動揺してしまい、ゆとりと客観性を維持することができなくなる、いわゆる逆転移の問題にあるとされています。

ゲシュタルト療法でよく用いる「あき椅子の技法」は、患者さんのアンビバレンスをもっとも明確な形で治療中に提示し、距離をおいて観察するもので、抵抗処理の有効手段の一つといえるでしょう。

精神分析では過去のさえぎられた経験が記憶のなかで固定して、現在にその書き換えを求めて反復・再生されてくる状況を重視しますが、ゲシュタルト療法ではこれを「未完了の仕事」としてとらえ、「あき椅子の技法」で終止符を打つ方法を講じます。本書ではこの種のケースをいくつか紹介します。気づきの流れを回復することによって、解離した言葉と感情、分裂した個性を統合するための試みとご理解ください。

また、臓器など体の一部や症状そのものに「なる」ことは、投影（プロジェクション）を活用する方法です。ゲシュタルト療法では、自己についての言語化された概念と、感覚的に感知され、意識された自己とのズレを縮めることが、病気の改善につながると考えています。具体的には、患者さんに自分が病んでいる臓器そのものになってもらいます。たとえば、胃潰瘍《いかいよう》の患者さんに「私は胃袋です」と宣言させ、まず胃の大きさ、色、動き、次に炎症、傷口部位などをゆっくりと描写してもらいます。あるいは、ぜんそくの患者さんの場合なら、発作を興奮や活動の状態として、さまざまな動作で表現してもらうのもよいでしょう。「あなたは、どんなときにあばれるのですか？」「あなた（胃）が落ち着いているのは、どんなときですか？」というように、臓器を擬人化した質問形式を用いると、そこに投影された葛藤や不満を言語化するのに役に立ちます。

さらにゲシュタルト療法の主要な統合技法の一つに「夢のワーク」があります。夢の断片を見た本人が演じ、その所有を「それはたしかに私の性格、あるいは生き方の一部です」と宣言するとき、夢のメッセージを経験的に知ることができるのです。精神分析の夢解釈と異なり、夢を分析するのではなく、夢の内容を実際に演じる――パールズは「夢を再び生きる」といいます――経験をうながし、解離した部分を自分の性格のなかへ取り戻すことが、夢のワークのポイントです。

筆者も、この夢のワークを数多くの患者さんに行なってみて、次のことを発見しました。

①多くの患者さんが自分の夢に関心を示す。夢のワークは心理療法の動機づけに役立つ。

②思いだせない夢でも、自分を現わそうとしない相手として、あき椅子に座らせて話しかけたり、回避しているものごとに接するように工夫すると、比較的容易に想起することができる。

③夢の内容を創造的、建設的な方向に変容させると、感情面にポジティブな変化が生じ、問題解決への行動計画が立てやすくなる。

いうまでもなく、ゲシュタルト療法の技法にも限界があります。人生早期の愛情剝奪《はくだつ》のため弱い自我しかもてない人に「全責任」を期待するのは誤っていると思います。

しかし、弱者の立場を察しつつ、本法を活用するとき、患者さんの可能性が開けてくることもけっして少なくないのです。

Ⅲ　TA・ゲシュタルト療法の手順

1　問題の明確化と治療契約

TA・ゲシュタルト療法では、まず自分の感情、思考（信条）、行動にどんな問題があるかをはっきりさせます。患者さんに、自分自身の抱える問題を小学生にでも容易に理解できるような、具体的な形で述べるようにすすめていきます。

次に、自分の変化に関して、治療者とグループの前で明確な契約を結びます。筆者のグループでは治療者（筆者）は一人で、ふつう一〇～一五人の男女を対象に個人ワークを行なっています。セミナーやワークショップの場合は食事やレクリエーションなどをともにし、参加者の相互交流を通して連帯感、所属感を強める工夫をしています。

契約は次の質問に簡潔に答える形になります。
●あなたは、ご自分のどこを変えたいのですか?
●私たち(患者、グループ、治療者)は、あなたが望む方向に変化したとき、何によってそれがわかるでしょうか?
契約にもとづく変化こそが、本法の治療エッセンスといえましょう。具体的に契約の例をあげてみると、次のようなものです。
●私は自分をだいじにして、胃潰瘍を再発させないようにします。そして旅行して人生を楽しみます。
●私は自分をダメ人間と思うのをやめます。こわがらずに人前で話をする自分になります。
●私はぜんそく発作の自己コントロールに成功します。そのときは自然な呼吸を楽しんでいます。
契約を結ぶにあたって、漠然とした内容のもの(例・私は幸福になります)は、避けるようにします。また、変化よりも原因追究を主とする契約も、本法では受け入れないのが原則です。

2 抵抗の処理

治療者は、療法の初期にまず治療に対する患者さんの抵抗を処理します。これは、患者さんの自己変容をめぐるジレンマを明確にする作業になります。とくに「タバコだけはやめられない」、「私は職場でいじめられてばかりいる」、「子どもが私を悲しませることをよくする」などの受け身ないし使役の意味がこめられている表現に、患者さんの注意をうながします。これらの表現は患者さんが主体性を放棄していること、問題を解決できる自分の能力を否認していることを指摘し、次のような自律的、主体的な表現に言い直して、内界の葛藤に気づくように援助していくのです。

●私はタバコだけはやめられません。→私はタバコをやめません（または、私はタバコをやめます）。

●私を悲しませる。→私は自分で悲しんでいるのです。

●私はいじめられてばかりいる。→私はいじめになんら効果的な手を打っていません。

このほか「そのうちやります」「それは無理というものです」「はい、でも……」など、巧妙な形で自分の内界を見つめることを回避する言動を、患者さんと話し合い修正します。また、Ⓟレベルの契約（例・過食してはならない。禁煙すべきだ）を結ぶことはしません。失敗するケースがほとんどで、自分になんくせをつけ、自己否定感情を強化する結果（一種のゲーム）に終わるからです。契約はⒶレベルでの合意の形をとり、Ⓒに対するなんらかの報酬を含むのがもっともよいのです。

3 ラケット感情と早期決断

この段階は、問題をめぐって患者さんがどんな交流パターンを示すかを分析するものです。まず、問題（図）の背後（地）にある感情を十分に味わうようにすすめます。次に、その感情を、昔何歳ぐらいで味わったか、自分の体や感覚に問いかけていきます。患者さんは次のような質問に答える形で、その感情を確認します。

「その恐怖感は、あなたの子ども時代のどんな体験とダブっていますか?」

「その怒りから、幼い頃の何を思いだしますか?」

「いまの気持ちは、何歳のときに味わったか、体にたずねてください」

これは、患者さんができるだけ早くⓒの状態に入るように助けることにあります。患者さんは人生早期のある場面を思いだして、「いまここ」の場で再びそれを体験しはじめます。パールズはこれを「現在化」(Presentification) と呼んでいます。

〈症例一一―①〉N氏(三五歳)対人恐怖症、過敏性腸症候群

会社員のN氏は、自分の消化器症状が人前で話をする恐怖に関連して起こりやすいことに気づいた、と打ち明けました。このワークを行なう間に、小学校一年生のときに、初めてクラスの前で教科書を読まされて、声がつかえたシーンを思いだしたのです。「Nのバカ!勉強してこなかったな。おまえも舌を切られたスズメか?」と担任教師が怒鳴り、クラス中がどっと笑いました。全身が緊張して、先を読もうと口を開いたのに声が出ない。その授業のあと、トイレにかけこんだ記憶がよみがえりました。

N氏はその後、この種の恐怖と緊張感を何度も体験しております。

交流分析では、慢性の不快で、非生産的な結果をもたらす情動（体に現われるほどの強い感情）にとくに注目し、それをラケット感情と呼びます。ラケット感情は背後に必ずといってよいほどゆがんだ思考をともなっています。それは前意識的なレベルのもので、次のような質問をすると、患者さんがそれに言及できるものです。

- あなたが罪悪感にかられているとき、その直前にどんな考えが浮かびましたか？
- その不快な感情を味わう間に、頭のなかでなんと言っていますか？
- そのときあなたが、他人や人生についてひそかに抱いた考えを書いてください。

ラケット感情とは、現在の行動に強く影響を与える幼時の感情生活のうち、とくに慢性化した不快感のことです。ラケット感情は幼少時にストローク（17ページ参照）を得る手段として身につき、現在演じられているゲームを支配する感情なのです。表４はラ

■表４：ラケットになり得る感情

怒り	甘えたい気持ち
恐怖	不安
劣等感	心配
憂うつ	無力感
罪悪感	不全感
イライラ	憤り
優越感	緊張感
疲労感	嫌悪感
絶望感	猜疑心
虚無感	孤独感
見捨てられた気持ち	焦燥感
混乱	同情心
自己卑下	恋慕
傷心	義務感
ライバル意識	使命感
落胆	敗北感
悲哀	後悔
憐びん	恥辱、不面目
当惑	羨望
かんしゃく	恨み
むなしさ	拒絶感
	批判・非難

ケット感情の主なもので、ふつうゲームの結末であなたが味わう感情です。

グールディング夫妻は、われわれが人生早期に体験する認知のゆがみを、養育者たちが発する「禁止令」との関連でとらえています。禁止令とは養育者のⒸから子どもたちのⒸに発信される、悪意と拘束力に満ちたメッセージです。養育者たちの性格の病的な部分から、子どもに対して表3（39ページ参照）にあるような禁止令を発信します。これに対して、子どもは禁止令をそのまま受け入れるか、あるいは戦ってそれを拒むかを決断するのです。これが早期決断です。

4 再決断と新たな解決法の実践

ＴＡ・ゲシュタルト療法の最終段階は脚本の書き換えです。これは早期の古い決断を放棄し、新たな別の方法で問題の解決をはかる作業になります。

〈症例一一─②〉N氏　昔を思いだす作業

前述のN氏は、先の質問に次のように答えました。

・私は先生に叱られ、クラスの皆から笑われたとき、「僕はダメな子だ。皆がやることができないのだ。恥ずかしい」と感じました。

・とくに先生に対しては、「こわい。先生は僕をきらっている。なるべく先生の顔を見ないようにしよう」と決めました。

再決断の準備としてだいじなことは、患者さんが昔の場面を思いだして再体験することと同時に、治療の場という現在の状況にも気づいている、ということです。

治療者は、患者さんがこのような©の状態に入ったとき、本人が理想とする人物か、尊敬する人物を一人思い描かせ、その人ならこの場面をどう処理するだろうか、とたずねます。あるいは、もし誰か強力な相棒か味方がいてくれたら、自分のために何を言い、どんな援助をしてくれるだろうか、と問うのもよいでしょう。

〔症例一一―③〕N氏　脚本の書き換え

N氏は相棒がそばにいるというシチュエーションのほうを選びました。スーパーマンでも松下幸之助でもいい、誰か力になる人がそばに座っているのを想像します。N氏の相棒は、教師に対して、次のような発言をします。

「あなたは子どもの気持ちをわかっていない。小学一年生にはもっといい指導法があるはずでしょう」

「だいたいクラスの前で子どもをはずかしめるなど、あなたに教師の資格はありませんね」

「あなたのひとことが、どんなに子どもの心を傷つけたか、考えたことがあるのですか！」

相棒の主張がしばらくつづきます。治療者はこれを支持しながら、次のような選択肢を示します。

①ドラマの場面を設定し、担任教師を登場させ、N氏が外傷体験を話す。そこで、教師がどんな反応を示すかを見てみる。
②想像のなかで心ゆくまで担任教師を批判し、なんらかの罰を与えて、自分の気持ちを晴らす。
③理想的な教師のクラスにいたとしたら、同じ状況で自分がどんなふうに扱われたかを演じてみる。
N氏は②を選びました。

治療者は今度は、相棒抜きのN氏一人で教師と対話するようにすすめます。先の想像のワークで、外部からの支持として描いたものは、じつは自分のなかの力であることに気づくよう援助するためです。

N氏は励まされつつ、体中で憤慨を表現しました。最後に、涙を流しつつ「子どもは間違いをおかしたっていいんだ!」と主張しました。

その後のセッションで、N氏は〝あき椅子の技法〟を用いて母親と対決し、完全主義から発せられた「成功するな」「重要であるな」という禁止令を拒む決断を行ないました。最後のセッションでは、「話し方教室」に通ってスピーチを学ぶ計画を打ち明け、家族や親しい人びとにその成果を披露するという同意をとりつけています。

５ 再決断療法の実際

ＴＡ・ゲシュタルト療法では、患者さんに悩みや問題を具体的に話してもらったあと、その問題にまつわる感情、とくに不快感に焦点を合わせます。たとえば後悔や怒り、罪悪感など、その人特有の慢性的不快感がラケット感情です（ラケット感情については第二章でくわしく述べます）。

次に、目を閉じて一〜二分その感情にひたるように指示し、患者さんのⓒに問いかけて、これまでに同じような身体感覚と感情状態を味わったことがないか、思い起こしてもらいます。筆者の経験では、約八割の患者さんが過去の体験を思いだすようで、たとえば、小学生の頃、担任の先生の前で同じような気持ちを味わったとか、父親に叱られたときに、似たような恐怖にかられたなど、いきいきとした記憶をよみがえらせてきます。

次にその場面を再現し、感情の再体験へと進みます。たとえば、父親の前でびくびくしている自分の姿を再現するわけです。それができたら今度は、不快な感情に直結していた思考を禁止令という概念でとらえてゆきます。「自己主張してはならない」などといった、過去における自然な行動を禁止した考え方が禁止令です。現在の不適応な交流様式は、こうした幼時の結論の結果であることを両者で確認します。

最後に、「もしもう一度その場面にいたら、どういう行動をとりますか」と問い、患者さんにいまの自分から新たな問題解決法を見つけだしてもらいます。行動療法的にいえば、過去の非合理的な条件づけを解除し、建設的な行動様式を新たに学習するわけです。

〈症例一二〉Mさん（三八歳）自己主張が苦手

Mさんは交流分析グループで、他の患者さんのワークを観察する間に、次のことに気づくようになりました。

①私はこれまで人生のいくつかの好機を人にゆずり、自己犠牲的な役を演じてきた。〝殉教者〟という脚本がぴたりとあてはまる。

②私のラケット感情は恐怖である。自己主張をしようとするとつねに強い恐怖感が生じる。私は幼いときから「自分であってはいけない」という禁止令の支配下にあるようだ。

③恐怖のラケット感情の源を想起すると、必ず両親の激しいいさかいの場面が出てくる。

以下は、再決断のプロセスのピークの部分です。

治療者　目を閉じてご両親の夫婦げんかの場面に身をおいてください。いま、あなたは何歳ですか。

Mさん　一〇歳です。隣の部屋ですごいけんかが始まった。

治療者　それではきょうは、いまのご自分から新しい方法で気持ちを処理してごらんになりませんか。ご両親のけんかのそばで、ただふるえているのですか。Mさんはどうしたいのですか。

Mさん　「お父さんやめて！　お母さんやめて！　私がどんなにこわくて、いやな思いをしているかわからないの。やめてよ！」と言いたい。

治療者　かまいませんよ。ここで、そのとおりお腹の底からおっしゃってください。

Mさん　でも、そんなこと言ったら、父からけっとばされるかも……。

治療者　一〇歳のMさんならそうでしょう。でもいまなら、枕や毛布で身を守ることだってできるのですよ。いまのあなたで言ってみましょう。

Mさん　「お父さん、やめて！　私はけんかいやなの！　こわいの。心配なの。子どもは親のけんかがいやなのよ。こんな簡単な子どもの気持ちがわからないの！　やめてよ」（涙を流しながら叫ぶ）。

治療者　何が起こりましたか。お父さんは激怒しましたか。

Mさん　いいえ。二人はけんかをやめたわ。父も母も、びっくりした顔で私を見つめています。

治療者　すごいですね。Mさんには、ご両親のけんかをやめさせるパワーがあるのですね。どんなお気持ちですか。

Mさん　いい気持ちです。たしかに、私が体ごとぶつかっていって、いまのように叫んだら、父と母はけんかをやめたと思います。

治療者　そうですか。たしかに一〇歳の子どもがそうするのはむずかしかったでしょうね。でも一〇歳の頃の恐怖や心配を、残りの人生でもちつづけることはやめてもいいのです。ちょっと、ご両親に聞いてみてください……〝私がこわがって心配しつづければ、いつかあなたがたはけんかをやめるでしょう?〟

Mさん (そのとおりに言う) 母はきょとんとした顔をしています。「お前がそんなにこわがっていたなんて知らなかったわ。だいいちおまえはいつもいい子で、ニコニコしていたじゃない」って。

治療者 それを聞いてどんな感じ?

Mさん ばかばかしい。こんな長い間、私って一人相撲をとっていたのですね。もう一人でびくびくするのはやめます。

交流分析では、必ずしも長期にわたる転移関係を用いなくても、感情と思考の修正体験を得ることはできると考えるのです。起源となったⓒの状態になり、ゆがんだ思いこみに気づいたら、FCによってそれを放棄するよう患者を援助するのです。

第二章

あなたの感じ方は適切か？

I　ラケット感情とは――あなたをしばる感情記憶

本章では、ラケット感情とその扱い方について考えてみたいと思います。ラケットというとテニスで使うラケットを想像してしまうかもしれませんが、ここでは文献からTAにおけるラケット感情の定義をいくつかあげてみましょう。

○人がゲームを演じるとき、その結末として決まって味わう感情、また、その不快な感情にひたる傾向（バーン、一九七〇年）

○幼時に、親の愛情を得る手段として形成された一種の条件反射で、その後の人生において持続するもの（バーン、一九七〇年）

○慢性的で、定型化された不快な感情（グールディング、一九七二年）

○適切でない感じ方（デュセイ、一九七一年）

○いろいろなストレス状況で経験されるなじみ深い感情であり、子ども時代に学習され奨励されたもので成人の問題解決の手段としては不適切なもの（スチュアート、ジョインズ、一九九一年）

今日、TAの実践家はラケットとラケット感情を区別して用いているようですので、本章でもこれに従うことにします。ラケットとは、前記のラケット感情を味わうように、自らお膳立てをし、その感情を味わうまでの過程ということになります。

では、なぜラケット感情がＴＡの臨床で重要になるのでしょうか？　これについては、心理療法のいくつかの視点から論じるつもりですが、本章では、力動心理学的な意味をまず取り上げておきましょう。

気づき、あるいは洞察を治癒の機序と考える精神分析では、患者が幼時の生活状況を再現し、そこで身につけた本能的な感情生活のゆがみを修正するように援助していきます。前述したスチュアートらの定義にあるように、この幼児期の本能的感情生活はラケット感情にきわめて近いものです。いうまでもなく、精神分析では、幼児的感情が分析状況のなかで治療者に転移され、しばしば強い抵抗として現われます。ＴＡでは、この困難を克服するために、いろいろな工夫がなされています。なかでもグループ状況を用いて、できるだけすみやかにⒸに入る方法は、筆者の経験からもきわめて有効といえましょう。

〔症例一〕Ｋ氏（三六歳）子育ての悩み

Ｋ氏　私は教員です。生徒の指導はうまくこなしているのですが、わが子に対してはきびしい態度がとれないのです。

治療者　具体的な例をあげてください。

Ｋ氏　小学校四年生になる息子の金づかいが荒いのです。何か欲しいと、じょうずに家内をつかって要求してきたり、ときには友だちから借りたなんて言って、金をねだるのです。

治療者　あなたはそこで、はっきり断わらない？

K氏　そうなんです。

治療者　では、ご自分の問題を整理して、簡潔におっしゃってください。

K氏　わが子に「ノー」と言えない。

治療者　とっても明確です。でも、「言えない」という表現が少し気になりますが……。

K氏　そうですね。「言えない」じゃなくて「言わない」、あるいは「言うのを恐れている」と言うほうが正しいでしょうね。もう一度、言い直します……私の問題は、わが子に「ノー」と言わないことです。

治療者　そう言い直すと、どんな感じですか？

K氏　「ノー」と言うか言わないかは、私しだいなんですね。

治療者　はい、「言えない、言えない」と思いつづけると、ご自分のなかの力を無視していることになりますね。誰でも、自分の意に反することには「ノー」と言って拒む力をもっているはずです。ただ、なんらかの理由でその力を使っていないのですね。

K氏　たしかにそうだと思います。私のなかの何かが邪魔しているのでしょうか？

治療者　それをごいっしょに探ってみましょう。息子さんからお金を要求されて、つい与えてしまった場面を、ここで想像してみてください。いちばん最近体験した場面でもけっこうです。

K氏　（目を閉じて場面をイメージする）
治療者　どんなお気持ちですか？
K氏　内心で腹を立てています。怒りです。
治療者　腹のなかで怒っているのですね。では、しばらくその怒りを全身で味わってみてください。どんな感じか、体の状態も含めて少しくわしく報告していただけますか？
K氏　口をしっかり閉じて、歯を食いしばっています。両手はかたく握りこぶしをつくって……。怒っているけど、涙のほうが先に出てきそうです。
治療者　そう、そういうふうに報告してくださると私たちにもよくわかります。強い感情はふつう体の変化をともなうものです。さあ、そんな怒りを、昔どこかで感じたことはありませんか？　いま、何歳ぐらいで、どこにいる感じですか？
K氏　いま、思いだすのは小学生の頃です。私の下に五人の弟妹がずらっといて、長男ということで、私が面倒をみなければなりませんでした。私は近所の子どもたちのように遊べなかった。くやしかった。遊びたかった！（涙がこぼれる）
治療者　くやしかった？　過去形ではなく、いまここでその場面を味わって、現在形で言ってください。〝くやしい！　腹が立つ！〟
K氏　くやしい、腹が立つ！　なんで自分ばかり、と腹が立つ。でも、こんな気持ちを親に言ったってしかたがないし……。

治療者　いま、怒りの気持ちと同時にご自分に何か言っていませんか？　たとえば「僕が親になったときは……」というように、何か心に決めていませんか？

K氏　ああ、それは何度も自分に言いました。「自分の子どもは絶対にこんな目にあわせないぞ。わが子には楽をさせてやろう」

治療者　なるほど。

K氏　私の二の舞はさせない！

治療者　その決心を息子さんに対して実行しているように、私には思えるのですが、どうでしょう？

K氏　うーん。そう言われれば、たしかに自分になかった自由を息子に与えているようです。

〈症例二〉Mさん（二九歳）消化器潰瘍

Mさん　交流分析を学んで、最近、いろいろと気づくようになりました。今回は自分の感情の原因をつきとめたくて、セミナーに参加しました。食事が終わって、後片づけでお皿などを洗っているときに、すごくイライラしてくるんです。まだ、はっきり自分でつかんでいるわけではありませんが、気がついているのです。たいていは午前中か午後の家事をしているときに、何かを思いだしているような感じなのです。

治療者　なるほど。そういうご自分に気づいてから、どのくらいになりますか？

Mさん　はっきりしたのは半年近く前だと思います。
治療者　結婚されて、どのくらいたちますか？
Mさん　五年です。
治療者　原因をつきとめたら、イライラがとれるとお考えですか？
Mさん　いいえ、頭でわかってもイライラは消えないと思います。でも、原因がはっきりすれば、コントロールするのは楽になると思います。
治療者　交流分析でも、Mさんと同じように考えます。原因を探るだけで、自分を変えるためのリハーサルを何もしないと、一種のゲームになりますね。では、ごいっしょにイライラの源を調べてみましょう。まず、体の面から、イライラを少し描写していただけますか？
Mさん　イライラが胃のあたりを圧迫しているようです。それ以前にも、状況は違うのですが、このままでは胃潰瘍になるなあ、という感じのことがありました。
治療者　そういうイメージや空想は、とても重要な情報です。これからも、そういうⒸのイメージや連想はだいじにしてください。ではその線で似たようなⒸの情報を集めてまいりましょう。たとえば、学生時代にこういうイライラがありましたか？
Mさん　学生時代から最近までは、なかったように思います。
治療者　では、もっと前は？
Mさん　さあ……。

治療者　子ども時代は？

Mさん　あるような気もしますが、思いだせません。

治療者　けっこうですよ。体に直接聞いてみましょう。体はFCかACですね。それでは、イライラを感じてください。昨日かおといお皿を洗っている場面を思い浮かべてください。©で空想して、お皿を洗いながら、イライラを体で感じとってください。さあそうすると、胃のあたりはいかがですか？

Mさん　重苦しい。痛いような……。

治療者　その感じをしばらく味わってください。

Mさん　（苦痛な顔）

治療者　いま、どんな考えが浮かんでいますか？

Mさん　頭のなかで「まにあわない、まにあわない」と考えています。

治療者　何かわからないけれど、「まにあわない」と言っている？

Mさん　はい。

治療者　では、黒板をちょっとご覧ください。（黒板に時計を描いて、1から12までの数字を書く）では、もう一度、そのイライラのなかに入っていただけますか。「まにあわない、まにあわない」と言っている。胃のあたりが痛くなって、イライラしていますね。

Mさん　はい。

治療者 では、目を開けて、この時計の文字から自由に数を選んでください。
Mさん ９です。
治療者 九歳のときに何かがありましたか？
Mさん いえ、一〇歳です。
治療者 一〇歳ですね。どうぞつづけてください。
Mさん たぶん、夕食のときだったと思うのですが、父と祖母がけんかをしていました。
治療者 そして？
Mさん それが、父が包丁を取り出すような騒ぎで……。
治療者 とてもこわいけんかだったのですね。
Mさん 私は小さかったから、母が外へ連れ出して、そのあとどうなったかは知りません。
治療者 いま、いくつの感じですか？
Mさん 一〇歳です。
治療者 一〇歳の子どもに、家のなかのトラブルを知る能力はありますか？
Mさん さあ、あるでしょうか……。
治療者 （グループに）みなさん、一〇歳の子どもに家庭のトラブルの原因を知る能力があると思いますか？
グループ （ほとんど全員がうなずく）

治療者　私もあると思います。あのすごいけんかがどんな原因で起こったか。そのあとでどうなったか、一〇歳の子どもは理解できます。

Mさん　それが、教えてもらえなくて、いつも腹を立てていました。

治療者　お父さんとお祖母さんが、なぜあんな大げんかをしたのか、原因を教えてもらえなくて腹が立った。いまでも、わからないままでいる。

Mさん　知るのがこわいのでしょうか？

治療者　その質問には、ご自分で答えてみてください。私にも一つわからない点があるんですが、お聞きしてもいいですか？　Mさんはどうしてこのことを究明されなかったのですか？

Mさん　父がこわいのです。

治療者　なるほど。

Mさん　聞くことが、小さいときからこわかったのです。

治療者　たしかにそうでしょうね。当時はこわかったでしょうね。しかし、一〇歳のときの恐怖を一生もちつづけることは必要でしょうか？

Mさん　いいえ、それから解放されたいです。

治療者　あなたが身につけた恐怖なら、あなたが捨てることもできると思いませんか？

Mさん　……。

治療者　それはそうと、いま、お父さんとお祖母さんはどんな関係なのですか？　まだ、すごいけんかをしますか？

Mさん　いいえ、(笑いながら) けっこううまくやってます。

治療者　あなたが、お父さんとお祖母さんのけんかをこわがったり、家のトラブルで小さな胸を痛めていたということを、お二人は気づいていたと思いますか？

Mさん　それは知らなかったと思います。知らなかったに違いありません。知っていたら、子どもの前であんな派手なけんかをするわけがありませんもの。

治療者　すると、あなたの怒りや恐怖は、まるで一人相撲のようなもの？

Mさん　そうなんです。いまの二人を見ていると悩んだ自分がばかばかしい気がします。

治療者　ばかばかしい？　たしかにそうですね。では、いまから私が黒板に一つの文章を書きます。その文章には一箇所、空欄があります。(次の文章を黒板に書く)

私がこの「　　　　　」を抱きつづければ、父と祖母はけんかをやめて、仲よくなるだろう。

さあ、この空欄に〝恐怖と怒り〟を入れて大きな声で読んでください。

Mさん　私がこの恐怖と怒りを抱きつづければ、父と祖母はけんかをやめて、仲よくなるだろう。

治療者　どんな感じですか？　文章は正しいですか？
Mさん　いいえ。私の恐怖と怒りは二人のけんかには関係ないし、けんかを止める力もありません。
治療者　私もそう思います。これで、いまの恐怖と怒りを捨てる決心がつきますか？
Mさん　はい、ぜひそうしたいです。

1　二つの症例の経過

本稿では、ラケット感情の明確化の方法を紹介するのが目的ですので、どちらの症例もその後のワーク内容は省かれています。ラケット感情の不合理性に気づき、それを放棄ないし修正するよう患者さんを援助することは、新しい作品を共同で創作するようなスリルと楽しみに満ちた体験です。読者のみなさんがこの二つの症例をワークされるとしたら、ラケット感情をどう扱われるでしょうか？

筆者の場合、第一例では、K氏が息子に金を与えて怒りを抱く反面、与えるのを拒むと罪悪感にかられるという事実が明らかになりました。どちらに転んでも不快感を味わうという感情的生活に、ラケット感情の本質が現われています。このインパス（行きづまり）にさらに深く入ることで、K氏の自己制御機能が活性化しはじめ、こづかいについて、息子ときちっとした取り決めができるようになりました。

第二例では、Ｍさんが Ⓐ を用いて父親と祖母の対立原因を探っていくうちに、祖母がＭさんの両親の結婚に反対だったこと、このため一時嫁姑の間が険悪な状態にあったことが判明しました。この際、患者さん自身があき椅子に母親を座らせて、話を聞きだす方法を講じています。ワークの仕上げは、二〇年前の親子（祖母と父親）げんかの場面を再現し、隣の部屋でおびえるＭさん自身が、どんな方法でそれに対応するかという設定です。Ｍさんは、父親と祖母にけんかがどんなにこわいか告げ、「やめて！」と叫びます。二人はとたんに静かになり、びっくりした顔でＭさんを見つめていたそうです。ただふるえているだけでなく、恐怖は別の方法で処理できることを彼女は学んだのです。

2 気づきへのプロセス

変化をめざす患者さんにとって、ラケット感情に気づくプロセスはどんな体験になるのでしょうか？

精神分析、とくに神経症を対象とする分析の場合、患者さんが幼時の本能的感情生活を再体験し、強い動揺を感じているとき、治療者がそれに直接反応を示さない方法がとられます。セッションのたびにこうした無反応の状態におかれると、患者は自らの感情にひたるままになります。最近、摂食障害を治療する行動療法家のなかにも（おそらく森田療法の絶対臥褥《ぜったいがじょく》にヒントを得たものと思われますが）、患者さんを母親から離断して入院させ、行動制限を加える方法をとり、感情表出をうながす治療が見られます。この場合も患者さんは似た状況におかれているといえましょう。こうした状況によって、患者さんの感情は固着し、鮮明化される機会を得ることになるのです。

ある問題をめぐって患者さんが抱く感情（身体感覚も含む）に十分にひたらせることで、精神分析と同様な目的を果たせると筆者は考えています。事実筆者の体験では、一〇〇例を超えるクライエントに、人間関係の悩みや問題にともなう感情に十分ひたってからそれとダブる感情を子ども時代に味わったことがないかとたずねると、およそ八割のかたがたが具体的な体験を思いだし、報告することができます。古典学派の精神分析家が言うような、患者のなかにかくれ、忘れられている愛の感情を現実のものとしてあらわにするのは転移現象のみである、という考えには疑問があります。しかし、これはけっして転移現象を過小評価するものではありません。転移現象以外にも、患者の内奥の精神感情が表出され得る、ということなのです。とくに包みこむような温かい雰囲気のグループで、他の患者さんが幼時体験を語る治療を見たあと、自分も©の状態に入るようながされると、さほどの抵抗なく幼時の感情生活に入ることができるものです。

3 ラケット感情の放棄

ラケット感情の概念が心理療法の発展に貢献したと評価されるならば、それは次の点によるものだと思います。

①人間の成長・変化をうながす感情と、そうでない感情とを区別したこと。
②幼時の本能的感情的な生活の目的や機能を明らかにしたこと。承認欲求（ストローク）の充足、他者変容および環境の操作などがここに含まれるが、ラケット感情ではいずれも未完了に終わることが特徴となる。
③非生産的な反復行動様式（ゲーム）の誘因を明らかにしたこと。

症例二では、グールディングらによって用いられているラケット感情の不合理性への気づきをうながす「公式」（黒板に書いた感情を整理するための文章）を紹介しました。この種の公式を講義式に患者に示したり、復唱させたりしても意味はありません。ラケット感情を十分に意識できたときに、初めてそれを放棄するのに効果的な方法となるのです。前記の２の項目にもとづいて、以下のような公式を臨機応変に活用してみてはどうでしょうか。

・私がこの［　　］を抱きつづければ、相手は変わってくれるだろう。
・私がこの［　　］にひたっていれば、状況は改善されるに違いない。
・私がこの［　　］にとどまっていれば、事態はこれ以上悪くならないだろう。
・私がこの［　　］を感じるかぎり、いやなことをしないですむだろう。
・私がこの［　　］で苦しみつづければ、過去は変わるに違いない。
・私がこの［　　］を手放さなければ、必ず欲しいものが手に入る。

タテ社会、甘えの構造といわれる世界では、自律性を模索する私たち治療者自身も、誰の感情にも支配されず、自分の感じたいように感じる〝感情の自律性〟を獲得することは容易ではありません。まず何よりも治療者が、自らのラケット感情への気づきを深める訓練が望まれます。

Ⅱ 幼児体験とラケット感情——本来的な感情からニセの感情へ

ひきつづきラケットおよびラケット感情について考えてみたいと思います。

E・バーンは晩年の著書のなかで、ラケットを次のように定義しています。

〝不快な感情を性愛化したり、また、それを交流を通して求めたり、利用したりすること〟

ここで性愛化（sexualization）という言葉が用いられているため、定義を一見難解なものにしていますが、精神分析の素養を積んだバーンにとっては、もっとも適切な表現だったのでしょう。症状や行動が性的な快感獲得の源泉となることが元来の「性愛化」の意味ですが、今日の精神分析では、すべてが性的な意味とは考えられていません。したがって、TA的にいえば、不快な感情を用いてストロークを得たり、交流を営んだり、さらには相手を利用したりすること——要するにゲームを演じる傾向と解してよいでしょう。

バーンを含めたTA専門家のなかには、ゲームとラケットとの相違について、後者を一人で演じるゲームと考える人びとがおります。相手なしに、Ⓟと©だけを使って、自分の頭のなかで演じるゲームがラケットというわけです。

次に、ラケット感情について、Ｆ・イングリッシュは〝真実な自然感情をカムフラージュした人工的な感情〟と定義しています。では、本来の真実な感情（authentic feeling）が、どんな種類のニセの感情にとってかわられるのでしょうか？

たとえば、抑うつ感情の背後に敵意や怒りが潜んでいること、あるいは、劣等感が優越感の裏返しである事実は、力動精神医学によって明らかにされています。交流分析では、代用される感情についてのこうした普遍的な性質を参考にしながら、患者さんが生育の過程で、その人独自のやり方で感情のおきかえを行なっていく事実に、大きな関心をはらうのです。

〔症例三〕Ｋさん（四〇歳）話す前に泣くくせ

Ｋさん　自分の問題を解決したいのです。私は　夫と夫婦げんかをすると、決まって泣いてしまうのです。泣かずに言葉で自己主張する、これが自分との契約です。

治療者　最近、ご主人とけんかなさった場面を一つ思いだしてください。

Ｋさん　（すでに涙ぐむ）

治療者　あなたの契約は、泣かないで自分の考えを伝えることでしたね。さあ、泣かないでゆっくり話してみましょう。

Ｋさん　……（泣く）

治療者　いま、どんな気持ちで、何が起きているのですか？

Kさん　くやしい。私のことをわかってくれない。

治療者　では、そのくやしさのなかにしばらくひたってください。いま、何歳ぐらいの感じですか？

Kさん　小学校の四、五年生です。

治療者　小学四、五年の頃、どんなくやしい体験をしたのですか？　泣かないで話してください。

Kさん　私は長女でいつも親の仕事を助けていました。しかし、母から自分だけ叱られるのです。なぜか母は下の子を叱らないのです。

治療者　（椅子を二脚出す）いまのことを、この椅子に座っているお母さんに直接そのまま言ってみてください。

Kさん　お母さん、どうして私ばかり叱って、妹は叱らないの？

治療者　こちらの椅子に移ってください。ここに座るとお母さんになります。お母さんの感じや考えが出てきます。さあ、お母さん、お嬢さんに返事をしてあげてください。

Kさん　**〔母〕**（冷静に）別に叱ってないよ。どうして、あんたは悲しくなるんだろうね。

〔本人〕　お母さん、弟や妹にばかり目を向けないで、私のことも見てよ。

〔母〕　そりゃ、あんたもだいじなのよ。

治療者　お母さんは、こういうふうに淡々と話すかたなのですか？

Kさん　そうなんです。

治療者　では、ここでときどきするように、お母さんにたずねてみましょう。〝お母さん、私、聞きたいことがあるの。聞いてもいい？〟

Kさん　お母さん、私、聞きたいことがあるの。聞いてもいい？（以下、治療者とともに順にたずねる）

〔母〕何よ、あらたまって。

〔本人〕私のこと好き？

〔母〕親は子どものことは好きだよ。

〔本人〕どのくらい好き？

〔母〕どのくらいって、そんなこと言えないよう。

〔本人〕妹と私とどっちが好き？

〔母〕どっちとも言えないよ。

〔本人〕弟と私では？

〔母〕子どもはみんな好き。そう言ったでしょ。

治療者　話し合ってみて、どんな気持ちですか？

Kさん　母の愛情はたしかめられません。

治療者　たしかにいまの会話から、お母さんの感情は伝わってきませんね。では、もう一つだけやってみましょう。小学生のままで、お母さんにいちばんしてほしいことを言ってください。

Kさん お母さん、私といっしょに出かけてちょうだい。日曜日に京都に行きたいの。

治療者 お母さんの椅子から答えてあげてください。

Kさん〔母〕 （淡々とした口調で）私はいいけど、家にはあなたの弟妹もいるでしょ。

治療者 うーん。こういう調子なのですね。わかりました。ではきょうは、ここにあなたの気持ちをよくわかってくれる人がいると想像して、本当の気持ちを言ってください。このグループは同じ村人同士ですから、あなたの気持ちがわかるかたがたです。どうぞ。

Kさん 私、くやしいの！

治療者 もう一度、全部吐き出すように言いましょう。〝私、くやしいの！〟

Kさん （大きな声で）私、くやしいの！

治療者 〝私、くやしいの！　なぜなら……〟

Kさん 私、くやしいの！　なぜなら、お母さんは弟ばかりかわいがって……。

治療者 〝私、くやしいの、なぜなら……〟どうぞ。

Kさん 私、くやしいの、なぜなら、弟が生まれてから、弟ばかりかわいがって！　くやしいの！　お母さん、弟ばかりかわいがって、きらい！

治療者 よく言えましたね。どんな感じですか？

Kさん　少し、いい気分です。
治療者　いまの感情はなんですか？
Kさん　感情ですか？
治療者　いま、とても激しく表現した感情です。悲しみですか？　さびしさですか？
Kさん　いいえ、怒りです。
治療者　そうですね。怒りを涙におきかえてきたことを認めますか？　あなたは腹が立ったときに、怒らないで泣いてきた、と言っていいですか？
Kさん　そういえば、そうですね。
治療者　じつは、これは日本の女性に多いのです。怒りを涙でカムフラージュするのですね。では、最後にご主人に出てきていただきましょう。
Kさん　えっ？　主人はここに来ていませんよ。
治療者　はい、はい、そうですね。でも、ちょっと想像してくださればいいのです。ご主人がこの黒板のうしろにかくれていて、いま、あなたが二〇分間ワークをしたようすを全部見てしまったとしましょう。さあ、ご主人が出てこられたら、なんと言いますか？　椅子を使って会話してください。
Kさん　主人と話すんですか、わぁ！　（Kさんは恥ずかしがりながら、椅子の間を役割を交替しながら往復する）

〔本人〕あら、あんた来てたの？

〔夫〕うん、全部、見せてもらった。

〔本人〕ひどいわ！

〔夫〕すまんかったな。

〔本人〕何が？　どうしてあやまるの？

〔夫〕すまんかった。お前があんなふうに育ってきたとはな。おれもな、じつはお前がすぐ泣くので、おかしいやつだなあとよく思っていたんだ。お前が何も言わないで涙ばかり流すんで、よけい腹が立って、怒鳴りたくなるんだよ。これから言いたいことは言ってくれよな。

〔本人〕少しずつ言いますよ。

〔夫〕少しと言わないで、どんどん言ってくれよ。

〔本人〕言ってもだいじょうぶかなあ。

〔夫〕言ってくれないと困るんだ。

〔本人〕へえ、どうして？

〔夫〕おれはお前がこわいよ。お前の涙の裏に怒りがあるとはね。こわい、こわい。おれの退職したあと、何されるかわかりゃしない。ほら、いま、はやっているだろう。怒りをためといて、ぐさっと一撃なんていやだぜ。

〔本人〕　バカ言わないでよ。そんなことしませんよ。

（この間、グループは大笑いする）

治療者　はい、このくらいにしましょう。お家に帰ったら、きょうのワークのことをご主人に話してみたらいかがでしょう？　会話を聞いていると、なかなかいいご主人のようですが……みなさん、そう思われませんか？

（グループのほとんどのメンバーが同意を表わす）

Ｋさん　ええ、主人は根はいい人なんです。

治療者　お疲れさまでした。いつか、その後の経過を聞かせてください。

１　本物の感情とラケット感情

この症例三は、幼少時に怒りの感情を表出することができず、それを悲しみ（涙）におきかえ、その後、つねに怒るかわりに泣くという表出法が習慣化したものといえましょう。筆者は、これまで機会あるごとに、このからくりを患者にたしかめてきましたが、多くの女性患者が怒り↓涙のラケットを用いると報告しております（これにはわが国の文化的要因も関与しているのではないかと思います）。

ラケット感情が本物の感情の代用品であるというＴＡ理論が成り立つとすると、何よりも患者さんの感情生活を重視する心身医学の学徒にとって次のような質問が生じてきます。

問一、人間にとっての基本的情動（basic emotions）あるいは本物の感情には、どういうものがあるのか？

問二、発達段階を追って見ていくと、それらはどのように発生し、分化していくのか？

問三、本物の感情がニセの感情によってカムフラージュされるとき、何がその動因となるのか？

問四、非正常な情動（ラケット感情）の表出は治療的にどのような意味をもち、効果をもたらすのか？

問五、本物の感情とラケット感情は、どうすれば識別できるのか？　また後者から前者への橋渡しを行なうにはどうすればいいのか？

本書では、これらのすべてについて考察することはできませんが、読者も自分なりの答えをまとめていただけたらと思います。以下、参考までに筆者の考えをいくつか述べていきます。

2　基本的情動とは

心理学では、昔から情動の主要なものを分類する試みがなされてきました。ＴＡでは一般に、次の四つを本物の感情と考えています。

怒り（mad）

悲しみ（sad）

恐怖（scared）

喜び（glad）
われわれ日本人になじみ深い四つの感情、喜怒哀楽のうち、喜と楽を一つにして喜びとみなし、これに恐怖を加えたものと考えると理解しやすいと思います。

さてそれでは、症例三（87ページ）に見られるように、悲しみが怒りの代用となっている事実をどう解せばいいのでしょうか。この点に関し、スチュアートらは本物の感情に与えられた名称が、同様にラケット感情にも与えられることを明確にしています。つまり、同じ悲しみでも本物とニセモノがあることになります。では、どういう内容をもつとき、本物の感情が本物たり得るのでしょうか。これは筆者の問三と問五に関連してきます。

3 正常な情動反応とラケット感情

基本的情動の内容については、最近、統合的アプローチとして注目を浴びている認知行動療法（A・T・ベック）の知見が参考になるので、これを中心にまとめてみましょう。

怒り◉この情動は他からの脅威を知覚すると生じるもので、怒り、攻撃することで、脅威をもたらした相手を打ちくだこうとします。TAの専門家G・トムソンは情動の問題解決について論じ、「怒りは現在の時点での問題を解決するものである」としています。

悲しみ◉対象喪失、敗北、あるいは剝奪《はくだつ》などを知覚するときに生じる情動。喪失への反応として、人は失ったものと情動的にかかわるのをやめます。また目標を獲得するための活動を停止します。悲しみは過去に起こったつらい出来事を乗り越えようと努力しているときに機能します。

●恐怖（不安）●この情動も脅威を覚えることで生じますが、怒りのような攻撃的性質はなく、自分自身が傷つけられることや殺されることへの恐怖のために、ひきこもらずにはいられないものです。未来に予測される事態の解決を促進する機能をもっています。

このように正常な適応的反応を見てくると、ラケット感情は、正常な情動反応が過剰になって習慣化したもの、あるいは〝出る幕〟を間違えて表出されている状態といえましょう。たとえば、抑うつのラケット感情は、悲しみや喪失感を何ごとに対しても絶え間なく感じる状態、あるいは〝出る幕〟を失った怒りが、自分自身を対象として攻撃している姿なのです。

TAではふつう、幸福感をラケット感情のなかに含めていません。しかし、喜楽の感情は、達成感によって生じ、目的志向活動を強めるほか、多幸感に満ちて無計画にものごとの拡張をはかったりする躁状態のときにも見られます。極端な楽観主義をはじめ、意気の高揚もラケット感情の一種になり得ると思います。

4　情緒の発達と分化

基本的情動はどのように発達してくるのでしょうか？　図9は、今日でも大学の心理学テキストにのっている、K・M・B・ブリッジェスによる〝発達段階と情緒の分化〟を示す図です。一般に、新生児の情緒は未分化の興奮にすぎませんが、生後三カ月頃になると快・不快の情緒がか

■図9：情緒の分化（ブリッジェス、1932）

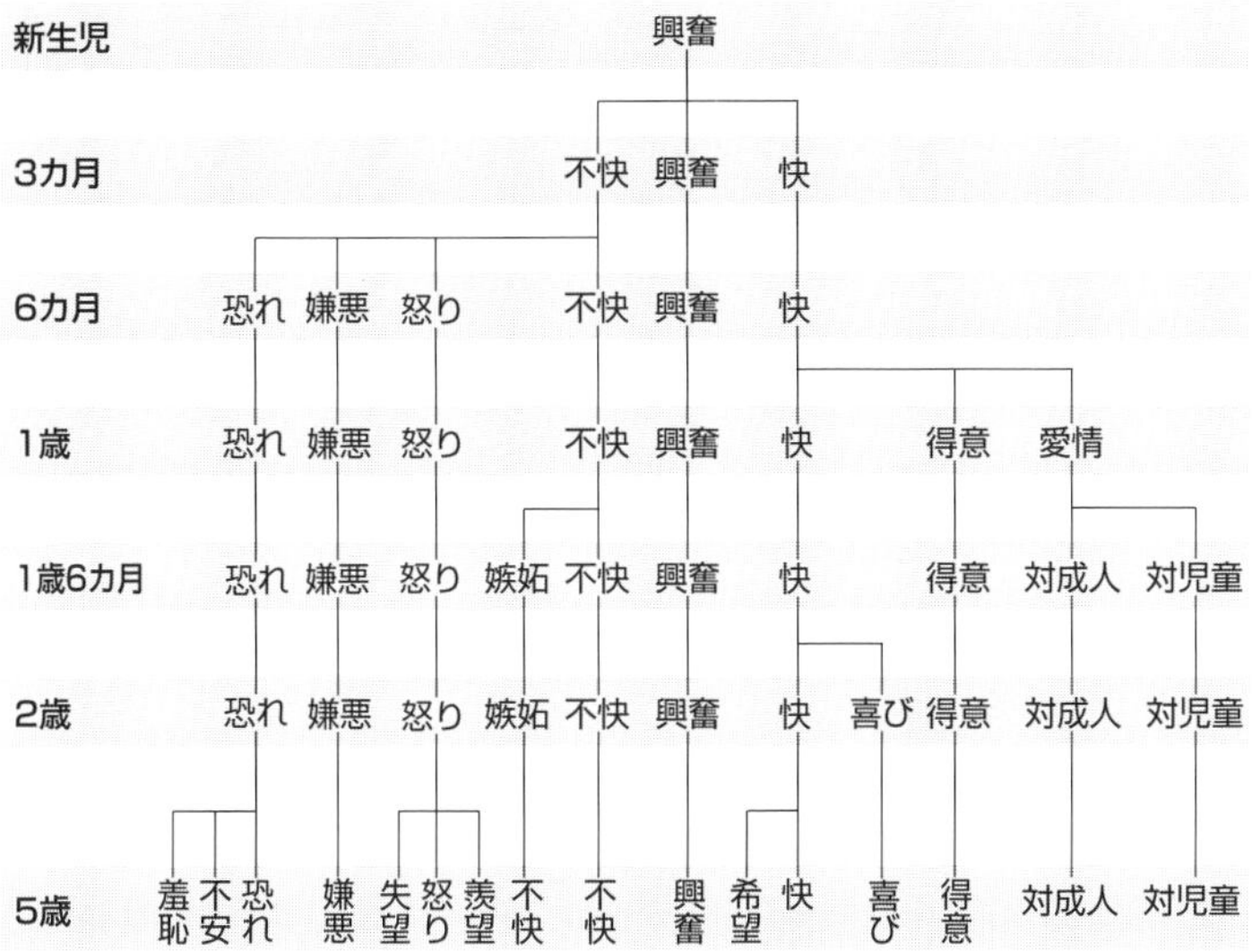

なりはっきり分化してくるといわれます。また、新生児では空腹や満腹などの生理的刺激によって情緒が引き起こされていたのが、しだいに親の顔や声といった人的刺激にも反応して起こるようになり、一般に、不快の情緒のほうが早く分化してきます。ブリッジェスによると、情緒はだいたい二歳頃までに著しい分化をとげ、恐れ、嫌悪、怒り、嫉妬、快、不快、喜びなど、基本的な情緒が出そろい、さらに分化を重ねて、およそ五歳頃に成人に見られる情緒がひととおり出そろうといわれています。

情緒の応答性、あるいは感情内容の言語化能力は、今日の心身医学でもアレキシサイミヤ（失感情言語化症）の概念と深く関連して探求されています。この図のなかでも二歳から五歳までは、いうまでもなく親子の感情交流が重要な意味をもつ時期であり、幼児の感情を明確に分化できるように、とくに母親が適切な言葉によって反応してやることが欠かせません。

TAでは、ラケット感情が次の三つの形で学習されるとしています。

●親が感情生活のモデルを子どもに示す（例・いつも母親が孤独でさびしい顔をしている）
●特定な感情にストロークが与えられる（例・怒ってカンシャクを起こすと、欲しいものが手に入る）
●本物の感情が間違って定義される（例・怒っている子に親が「あんたは疲れて眠いだけ。怒ってなんかいないわよね」と言う）

これらはすべて親子の感情交流性の障害ですが、同時に子ども側の原始的な認知過程（受け取り方、解釈、評価）も影響しているといえましょう。

5 治療におけるラケット感情の功罪

ラケット感情を明確にし、その源泉をたどって本物の感情に還元し、十分に表出させる、これは今日のTA・ゲシュタルト療法の主要な戦略の一つといえましょう。

これに関して心理療法やカウンセリングを行なっている人びとは、ラケット感情をめぐる作業に再確認をせまられることも起こり得ます。本物の感情の表出は〝いま、ここ〟における問題解決の手段として適切ですが、ラケット感情の表出は、ときには反治療的な役割を演じるからです。

筆者自身、面接療法をつづけてかなりの感情発散をうながし、患者さんの提供した生育歴データにもとづいてそれなりの解釈を行なったにもかかわらず、期待する変化が見られなかった症例もあります。こうしたケースを見直してみると、二つの感情体系の区別をしていなかった点に失敗の原因があったことに気づきました。

そこで読者のみなさんへの参考に、以下に反省点を記してみることにします。

●ラケット感情は、どんなに強力であっても、本物の感情をカムフラージュしたものである。ラケット感情が表出されても、本物の感情は未処理か、不燃焼に終わっている。

●ラケット感情は、幼時のファンタジーから身についたもので、それによって相手を思うように操作できるという信念と結びついている。したがって、これを受容、共感すると、患者の思いこみを強化する結果になる。

●幼少時と同じ支持を得ようとして、治療にもちこまれるものがラケット感情であるから、それにストロークを与えると、患者の成長の機会を奪ってしまう（精神分析的にいえば、いわゆる転移抵抗を強めてしまう）。

●治療者が、患者のラケット感情に気づき、これをいくら理論的に説明しても、患者は自分の感情がリアルで自然なものだと信じて疑わない。したがって精神分析の徹底操作に準ずるワークが必要になる。

●あなたのラケット感情に気づくために

ふつう人はその人特有のラケット感情をもち、それをさまざまな状況で用いているものです。ここで筆者がカウンセラー養成講座で使用する方法を一つ紹介しておきましょう。

【演習】

●仕事で失敗したときに、あなたがよく感じる感情はどういうものか、次から選んで○で囲んでください。これ以外にあれば、次に書いてください。

または

●人間関係でまずいことがあったとき、あなたが味わう感情はどういうものか、次から選んで○で囲んでください。これ以外にあれば、書き出してください。

怒り、混乱、恐怖、自己卑下、劣等感、傷心、憂うつ、ライバル意識、罪悪感、闘争心、イライラ、頑固（かたいじ）、優越感、うらみ、不安、疑い、心配、孤独感、無力感、かんしゃく、むなしさ、あせり、憤り、落胆、緊張感、悲しみ、嫌悪感、あわれみ、疲労感、同情、絶望感、恋慕、見捨てられた気持ち、義務感

Ⅲ 感情記憶を書き換える――ラケット感情の放棄

これまでは、ラケット感情について述べてきましたが、本章では心的外傷体験とその記憶という視点から考察を始めてみたいと思います。生育する間に精神生活に衝撃を受けた出来事が、その後の人生で心的外傷になるか否かは何によって決まるのでしょうか？

精神分析では、当人がそれを受身的（passive）にとらえ、コントロールできない・どうしようもない（helpless）感情におちいるときに、外傷になるとされています。そうした出来事は強い感情をともなうために、記憶に長く保たれる、と考えております。したがって治療は、苦痛な体験の記憶を治療関係のなかで書き換えて、体験のくり返しを止めることとなります。ＴＡのアプローチであるラケット感情の放棄も、同様の目的をもつものといえましょう。

〔症例四〕Ｎ氏（四〇歳）神経系統の心身症

Ｎ氏　きょうはぜひワークをしてもらいたくて来ました。

治療者　はい。では、ごいっしょに何が問題なのかを見てまいりましょう。

Ｎ氏　私の問題は、仲間といても、こんなふうにみなさんといても、ハメをはずすことができないことなのです。

治療者　はずすことができない？

N氏　ああ、そうでした。はずすことは可能なのですね。うーん、ハメをはずすことができないのではなくて……。私が……私自身がはずしたくない。いや、ちょっと違う。うーん、じつはハメをはずすのがこわいのです。

治療者　その点、グループとしばらくお話ししたいですか？

N氏　はい、みなさん、お願いします。

B氏　ハメをはずしたことがないんですね。

N氏　たとえば学生時代にコンパなどで思いきって騒いでみようとしたこともありますが、いつもダメでした。

D氏　ハメをはずしたら、何が起こると思いますか？

N氏　うーん、一度もやったことがないからわからないけれど……おそらくタガがゆるんでしまって、自分がバラバラになってしまうんじゃないかなぁ……。

Yさん　私もNさんに似ているのです。私もハメとかタガとかよく言うんですよ。強いブレーキがかかっている感じがします。Nさんはどんな感じ？

N氏　私はブレーキというより、殻か枠にはめられている感じなんです。

Eさん　〝はめられている〟という受け身の言い方は、交流分析では使ってはいけないんでしょう？

G氏　そうそう、受け身は主体性のない表現だから、いけないいんですよ。

K氏　ちょっと待ってよ。「いい」とか「いけない」なんて、ずいぶんⓅ的じゃないですか？

N氏　私にはⓅ的かどうかわかりませんが、おっしゃるように、私はとても受け身的な人間です。それを変えなくてはいけない、とは思います。

M氏　Nさんにお聞きしたいのですが、ハメをはずすのがこわいというのなら、ワークの目的はその恐怖から自由になることではありませんか？

N氏　そうです。恐怖から解放されたら、もう少しハメをはずせると思います。

治療者　はい、みなさん、ありがとうございました。とてもよい話し合いだったと思います。グループの何人かは、Nさんと似た問題をおもちのようですね。では、きょうのワークの契約を結びましょう。Nさん、何が問題で、どこをどう変えたいのですか？

N氏　私の問題は、適当にハメをはずして、仲間とのつき合いや人生を楽しめないことです。

治療者　はい。みなさん、これは明確でよくわかりますが、いかがでしょう？

（グループ全員がうなずく）

では、どこをどう変えたいのですか？

N氏　自分の生き方を一気に受け身から能動へと変えるのは無理です。……「少しハメをはずして、人生を楽しむ」これならいけそうです。

治療者　もう一度、みなさんに向かって、それをおっしゃってください。
N氏　私は、少しハメをはずして、人生を楽しみます。
（グループ全員が拍手する）
治療者　けっこうです。では、ワークに入りましょう。さっき〝殻をはめられている感じ〟とおっしゃいましたね。さっそく殻になって、ご自分を拘束してください。
N氏　私が殻になって、自分を押さえるのですか？
治療者　はい、この椅子をご自分に見立ててどうぞ。グループの助けがいりますか？
N氏　はい、私が椅子に座りますから、どなたか、上と横から私を何か枠にでもはめこむように、押してください。
治療者　Gさんにお願いしましょう。
（G氏、実際にN氏の体をいろいろな角度から押して、枠に入れるような動作をする）
治療者　どんな感じですか？
N氏　こわい、とてもこわい。でも、内心では腹が立つ。怒っている。
治療者　恐怖と怒りと言っていいですか？
N氏　はい。でも、恐怖のほうが強い。怒りは押さえている。
治療者　しばらくその気持ちを味わってください。（一分後）いま、何を思いだしていますか？

N氏　小学校三、四年生頃の体験です。

治療者　どうぞ、いま、その場にいるとしてお話しください。

N氏　借家に住んでいます。親子三人で暮らしています。父は医者ですが、病気のため二階の部屋で寝ています。借家が小さいので僕の勉強部屋はありません。僕は二階に机や椅子を置いて勉強しています。

　明日は試験があるので、二階にある教科書が必要です。僕は本を取りに階段を上がって行きます。すると上から、父が「二階へ来るな！」と言うのです。

治療者　あなたがこういうふうに、現在形で話してくださると、こちらにも気持ちがよく伝わってきます。どうぞ、この調子でつづけてください。

N氏　僕は、「明日、試験だから本がいるんだよ」と言います。父は「ダメだ！　勉強なんかするな！」と怒鳴ります。僕はすごく困った気持ちです。もう一度、小さな声で「試験だから、本がいるんだけど……」父はやはり、「ダメ！　おれは具合が悪いんだから、上がってくるな！」と言います。

——沈黙——

治療者　いま、どんな気持ち？

N氏　父がこわい。父はときどきこんなふうだったのです。こんなようすで母によく暴力をふるっていました。母も僕も頭から押さえつけられていたのです。……何度も飛びだしたい、家出したいと思いました。でも、家にいないといけない、という気持ちもありました。

治療者　ハメとか枠とかおっしゃったのは、このジレンマと関係がありそうですね。

N氏　（ため息をつきながら）そうなんです。

治療者　そのときは、教科書をどうしたのですか？

N氏　父にさからったらひどい目にあうと思って、階段を下りました。でも……じつを言うと、あとから父が眠っているのを見はからって、そうっと本を取りに行きました。

（グループにもほっとした気配が流れる）

治療者　グループのみなさんは「よかった」という反応ですよ。Nさんのこういう賢い行動を、交流分析では©のなかのリトル・プロフェッサー（小教授）と呼びます。

では、ワークをつづけましょう。いつものように椅子を二つ用意します。一つの席をお父さんだと想像して、もう一つがあなた自身です。いまのあなたがなんとか新しい方法を講じて、問題を解決してみましょう。そして、恐怖のかわりにいい気持ちになるのです。どうぞ。

N氏　二階に上がって行くところから、やり直してみたいと思います。

〔父〕　おれは具合が悪いんだ。上がってくるな！

〔本人〕　明日、試験だから教科書を取らせてください。

〔父〕　そんなのいい。下に行ってろ！

〔本人〕　でも、明日試験だから勉強しなくっちゃいけないんだよ。

〔父〕そんなのいい。下に行ってろ！
治療者　いま、自分になんと言いきかせていますか？
N氏　これ以上、父に迷惑をかけてはいけない。
治療者　さあ、その古い決断を拒否するために、何か新しい方法をみつけてください。
N氏　どうすればいいのかなあ。
治療者　誰か勇気のある友人に相談するのもいいし、あなたのリトル・プロフェッサーに聞いてもいいんじゃありませんか？
N氏　わかりました。
〔本人〕お父さん、あなたの具合が悪いのはわかりましたが、本だけ取らせてください。
〔父〕――沈黙――
治療者　いまの言い方でお父さんに伝わりましたか？
N氏　いいえ、伝わっていません。
治療者　では、もっと大きな声で三回言ってみては？
N氏〔本人〕（大きな声で）本だけ取らせて！　すぐに下りるから。（三回くり返す）
〔父〕よし、本だけだぞ！
〔本人〕やった！（ガッツポーズをとる）
治療者　ずいぶん簡単に解決しましたね。

N氏　本当に……。私ってバカみたいなこわがり屋ですね。

治療者　ワークはここでやめないで、リハーサルまで行きましょう。そのお父さんに向かって、日頃から言いたいことを、いまの調子で言ってください。

N氏　お父さん、僕、きょうは言いたいことを言うよ。あんまりいろいろな人に迷惑をかけるんじゃないよ。お父さんのために、お母さんも苦労したんだよ。

〔父〕　お前、言いたいことがいろいろあるようだな？

〔本人〕　僕の言いたいことは、「父親らしくしてください」ということです。

治療者　お父さんに通じましたか？

N氏　いや、通じません。

治療者　通じるようにどうぞ。

N氏　（力いっぱいの声で）親父、父親らしくしろよ！　親父、父親らしくしろよ！

〔父〕　わかった、わかった。

〔本人〕　親父、男らしくしなさい！　父親らしくしなさい！　お母さんにやさしくしなさい！

〔父〕　わかった、わかった。

治療者　どんな気持ち？

N氏　少しいい気持ちです。でも……。

治療者　でも、まだ言いたりないことが残っているのですか？

N氏　ええ、言います。親父、いまから日頃やりたいと思っていたことをやるからな。

〔父〕　何をしたいんだ？

〔本人〕　僕は家出する！

〔父〕　だめだ、そんなことさせない！

〔本人〕　―沈黙―

治療者　何かあったのですか？

N氏　じつは、私は何回も家出したのです。でも連れ戻されました。本心では、家出はしたくなかったのです。

治療者　行き先を知らせて、家出したのですね。

N氏　そうです。友人の家の電話番号のメモを机に残したりして……。

治療者　いまならどうするのですか？

N氏　自分のリトル・プロフェッサーに聞きます。（数人のメンバーが笑って同意する）

治療者　どうぞ、二人で相談して家出のしかたを考えてください。

N氏　（しばらくして）お父さん、僕、お父さんのすすめた大学を受験したけど、みんな落ちちゃったのです。でも、内緒で受けた北海道大学だけ受かりました。

〔父〕　何？　北大に受かったって？　でも、あんな遠い所に、お前行くのか？

〔本人〕　お父さん、北海道に行かせてください。
〔父〕　どうしても行くのか？
〔本人〕　行きます。
治療者　あなたのリトル・プロフェッサーは本当に賢いんですね。では、あなたが北海道に家出したあと、家のなかに何が起こるか見てみましょう。グループの輪から出て、部屋の隅に行ってください。（N氏はそのとおりにする）Nさん、そこはどこですか？
N氏　北大近くの下宿です。
治療者　お父さんやお母さんに何が起きていますか？　たとえば病気になるとか？
N氏　いいえ、けっこう二人で元気にやってます。
治療者　夏休みは帰郷しますか？
N氏　いいえ、しません。卒業して医師免許を取るまでは帰りません。
治療者　なるほど、強い決心ですね。それでは医師免許を取って帰郷した場面を演じてください。
N氏　お父さん、帰って来たよ。
〔父〕　おお、ずいぶん長かったな。どうだ、むこうは？
〔本人〕　冬はスキー場が近くていいよ。（グループが笑う）
〔父〕　学生生活を楽しんでいるみたいだな。むこうでは家のことを考えたか？　おれのことも考えたか？

〔本人〕考えたよ。

〔父〕いつ戻って来る？

〔本人〕技術が身についたら戻って来るよ。

〔父〕そうか。おれも体の具合がよくないから、早く戻ってきてくれ。

〔本人〕おれ、ここじゃなく別の所で仕事するよ。

〔父〕なんでそんなことを言うんだ？

〔本人〕お父さんも大切だけど、おれは自分の道を開いていきたいんです。

〔父〕――沈黙――

治療者 はい、ご苦労さまでした。それはそうと、お父さんはいまおいくつですか？

N氏 六九歳です。

治療者 交流分析では、郷里に帰って年とった親に向かって、これと同じようなことをしろ、とは言いません。頭のなかに生きている昔の親に、いつまでも従っている自分を変えるのですね。

N氏 ええ、いまさら父を責める気はありません。父に言えば、「悪かったな」と答えるのはわかっていますので……。

治療者 いかがですか？ 少しハメをはずして、人生を楽しむ決心がつきましたか？

N氏　はい、ワークのなかで、帰郷しないでスキーを楽しんだと言ったとき、おれにもやれると気づきました。
治療者　恐怖の感情は手放しますね。
N氏　はい、手放します。……しかし、怒りのほうはまだだいぶ残っているようです。
治療者　そうでしょう。Nさんの場合は、きょうここでなさったように、それをお一人で処理できるのではありませんか？
N氏　やってみます。
治療者　どうぞ、そうしてください。やり方については、ご自分のリトル・プロフェッサーに相談するのもよいし、このグループと私をポケットに入れて持ち帰り、行きづまったら取り出してアドバイスを受けるのもよいと思います。私はせいぜい、「椅子を変えて」とか「大きな声で」ぐらいしか言いませんけど。
N氏　はい、わかりました。
治療者　みなさん、お疲れさまでした。今回はこれで終わりましょう。

1　抵抗の処理

力動心理学的な心理療法では、抵抗の処理から始めます。TAでもこの点は同じです。再決断派のセラピストは、とくに患者の言語に注意し、「やってみる」「やってみたい」「できない」「するべき」「ねばならない」など、問題の解決を巧妙に避ける態度を抵抗とみなして、早期に処理しています。たとえば、「タバコをやめたい」という患者さんに、あえて「タバコをやめるものか」と言ってもらい、患者さんは言うことで、口とは逆に「やらない」と言っている本来の自分に接触するからです。

筆者もこの種の抵抗となり得る表現は、そのつどグループで話し合うようにしています。自分の内界と接触することで、思考と感情の不調和、言動の不一致に気づくようにするのは、治療の後期まで待つ必要はないと思われるからです。

2 感情記憶の書き換え

記憶心理学によると、本来、感情記憶はその後の人生体験によって、くり返しその意味が修正拡大され、当人の心に同化されていくのに、心的外傷は同化されることなく固定化したままだとされています。ラケット感情は、このように過去の記憶に潜在的にとどまっている特殊な感情カテゴリーといえましょう。

では、なぜこうした感情体験が慢性的に反復するのでしょうか？　これは精神分析の反復強迫のからくりをめぐる問いになりますが、最近、分析医のA・T・モデルは記憶の視点から、この問題を論じています。感情記憶は知覚と結びついた活発な運動過程で、つねに自分と同化すべく再カテゴリー化（書き換え、遡行《そこう》作用）を行なっているというのです。したがって精神分析は、古い感情カテゴリーに新しい意味を導入し、それを拡大することで外傷体験が変換されるのを助ける作業となります。分析状況においては、患者は治療者にある感情反応を引き起こさせ、その結果、古い感情カテゴリー（ＴＡでいうラケット感情）の記憶を強化しようとする場合もあります。いわゆる転移・逆転移の現象であり、治療者が対応について十分な訓練を欠くときは、非生産的な結果を招きかねません。

その点、交流分析は一対一で解釈することによって再カテゴリー化をうながすのではなく、グループのなかで心的外傷場面を再現し、新しい問題解決法を講じ、苦痛な感情体験を快的な体験にして味わい直すのです。

方法こそちがいますが、精神分析もＴＡも感情記憶の書き換え、意味の拡大をはかるという点では、目的を共有するといえましょう。

3　身体感覚の活用

筆者は、ラケット感情を明確にする方法として、しばしば患者に身体感覚、身体イメージをくわしく語ってもらい、体についての比喩的表現や、あるいは身体症状そのものになるようすすめています。本症例でいうと、〝枠にはめられている自分〟になって、それを演じる方法です。これはゲシュタルト療法の一つの技法で、自分の感じ方や考え方に自分で責任をとるという発想です。たとえば、緊張している患者に、自分の体、あるいは治療者の体をしめつけるようにさせると、外界ではなく自分が自分に緊張をもたらしていることに気づくことができます。

もう一つはフォーカシングが教えることと関連しています。筆者はかねがねラケット感情とフォーカシングのフェルト・センスとが、内容的にかなり近いものではないか、と考えてきました。フォーカシングは、人は何か問題をもったとき、それを本人特有の〝体で感じる感覚〟として持ち歩いていると考えます。問題の解決はその感覚の質をつかむことから始まります。「この落ち着かない感覚はなんだろう？」と体自体にたずねて待つとき、体は適切な情報を与えてくれるものなのです。このプロセスを頭に入れて、体の信号に働きかけていくと、ラケット感情が明らかになってくる場合も少なくありません。

第三章

自分の姿のトータル・チェック

I　ラケット・システムとは——感情・思考・行動がともに働く心

これからはラケット・システムについて考えてみたいと思います。Ｒ・アースキンとＭ・ザルクマンによるこの理論と技法は、わが国では臨床面ではまだ十分に消化されていないようです。ラケット・システムは〝感情、思考、行動を含む（心身相関の）ゆがんだシステムで、個人が脚本を維持するために自ら強化しているもの〟と定義されています。このシステムは図10のように信念体系と感情、症状行動と空想、強化記憶の三つから構成されています。

筆者は本法のグループ療法への応用をいくつか工夫してきました。ここであげる症例は、症状形成やワークのダイナミズムを整理、要約する方法としてご紹介したいと思います。

■図10：ラケット・システム

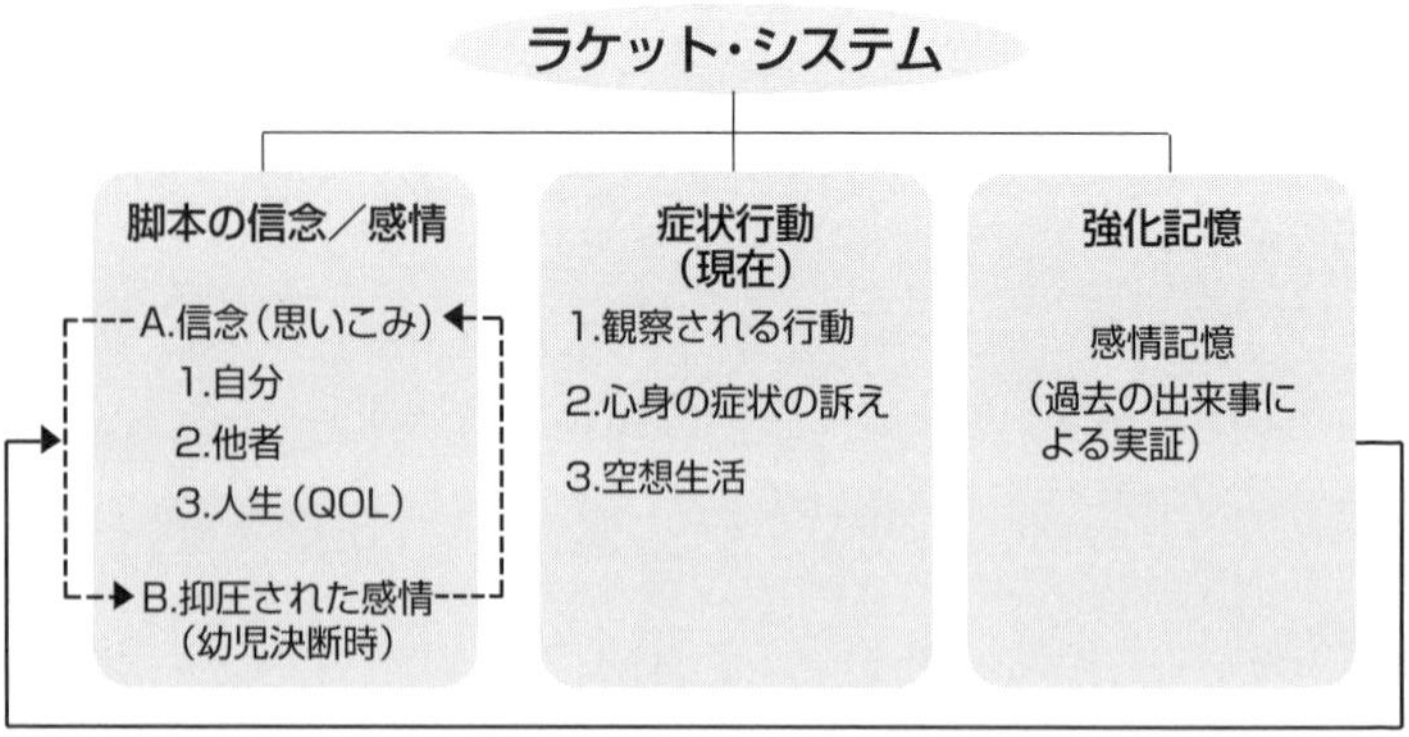

〔症例一〕T氏（三四歳） 指のけいれん

T氏 私はピアノ教師をしておりますが、ここ一〇年間、右手がけいれんするのです。ある病院の心療内科で自律訓練法を教えていただき、なんとかコンサート活動もつづけてきましたが、症状がまだとれず苦しんでいます。

治療者 ご自身の状態に対するお気持ちは？

T氏 私はダメ人間だという思いが強いのです。とにかく自分がなさけないという気持ちです。それに無力感、後悔もよく感じます。

治療者 これまでの経過をお話しください。

T氏 自律訓練ではうまくピアノが弾けるイメージ・トレーニングをだいぶやりました。五年くらい前から自分に都合のよいコンサートではわりにうまく弾けて、いい気持ちになれるようになりました。

治療者 自分に都合のよいコンサートというと？

T氏 自分の力量のなかでできる、こじんまりした小さなコンサートを開くときは、うまく弾けるのです。しかし、一流のクラシック・コンサートになると、手が反逆してしまいます。心身症といわれてきました。

治療者 交流分析では〝手が反逆する〟と言わずに、〝私が反逆している〟と言います。あなたは何に、あるいはどなたに反逆しているのでしょうね。
T氏　ああ、わかりました。私がいまでも師事している大学の教授たちかもしれません。
治療者　専攻はクラシックなのですね。
T氏　はい。でも、私は私の音楽をやりたい……。(涙ぐむ)
治療者　いまのお気持ちは、無力感やなさけなさなのですね。
T氏　はい。
治療者　では、さっそく、その気持ちを体で表現してください。
T氏　えっ、どうするのですか?
治療者　右手になってください。右手の状態を体全体で表現したらどんな形になりますか?　右手に口があったら、なんと言いますか?
T氏　(即刻、右手を上方に伸ばして、自由の女神のような姿になる)私は右手です。ピアノを弾くとき、私は硬直する。人差し指は上にそり上がっている。中指は下にのめるようになる。
治療者　人差し指は言いたいことが言えない?
T氏　私は硬直している。言いたいことが言えない。
治療者　中指は?
T氏　やりたいことをやりたい。楽しみたい!

治療者　（椅子を二つ準備する）その二つの指をこの椅子にそれぞれ座らせて、しばらく意見を戦わせてみましょう。

T氏　（以下、次のような会話になる）

〔人差し指〕僕は言いたいことが言えないのです。

〔中指〕僕はやりたいことをやります。

〔人差し指〕あなたの言い分を聞くのはこわいけど、きょうは聞きます。なんでも言ってください。

〔中指〕僕の言いたいことは、演奏を認めてほしいということです。コンクールやテクニックを求めている人は多いけど、僕は温かい心を表現したいのです。まわりの先生たちは、僕に対して冷たい反応を示すけど……。

〔人差し指〕音楽家としてそんな演奏はダメだよ。第一、君のような考えを、先生たちが認めるわけがないでしょう。

〔中指〕たしかに大学の先生たちは認めないでしょう。しかし、ホロビッツのような音楽家もいるのです。ああいう演奏をしたい。彼は楽譜に忠実ではないけど、すばらしい！

〔人差し指〕しかし、君は大学から離れたら苦労するよ。生活もかかっているんですよ。食べていけるの？

（一時、沈黙）

治療者　心のなかの二人のあなたの戦いがよくわかります。では、ここでⓅ、Ⓐ、Ⓒを使って整理しましょうか？　やりたいことをやって楽しむ部分はＦＣですね。そして、先生に反逆しながら迷っているのはＡＣですね。

Ｔ氏　はい。

治療者　では、今度はＦＣとＡＣを意識して、意見交換をしてみてください。

Ｔ氏　〔**FC**〕やりたいことをやりなさいよ。

〔**AC**〕そう簡単にいかないんですよ。

〔**FC**〕思うとおりにやればいいんじゃないか。あんたのコンサートを喜んでくれる人がいるんでしょう？

〔**AC**〕でも、なかなか認めてもらえないんだよ。それに生活もかかっているし。

〔**FC**〕それは君の思いこみだよ。賛成してくれる人を中心に生活の基盤をつくればいいじゃないか。

〔**AC**〕でも、音楽の世界はお金しだい、権力しだいだよ。

〔**FC**〕本当に生きろよ。やりたいことをやれよ。

〔**AC**〕教授から離れたらダメだよ。本当の自分を生きるのはあぶないから、やめておきなさい。

治療者　はい、こうして二つの声を外に出してみると、その力の割合はどのくらいですか？

FCとACは、たとえば六〇対四〇くらいですか？

T氏　いいえ、FCのほうがずっと強くて九〇くらいです。FCを選んだとき、両親に対するうしろめたさは一〇くらいあります。

治療者　ACがはるかに小さいのですね。では、いまの心境で人生を生きていったら、一〇年後のあなたは何をしているか想像してみてください。

T氏　ピアノ教師になって、地味ながら小さな演奏会を開いて、人びとの喜ぶ顔を楽しんでいます。とても満足な生活を送っています。

治療者　なるほど。将来のイメージはずいぶんはっきりしているのですね。先ほどのなさけない気持ちや無力感、後悔はどうなったのですか？

T氏　椅子の間で、自分の二つの部分で対話していたら、あまり感じなくなりました。

治療者　そうですか。では、それを確認するために、ワークをもう一歩進めましょう。空想をつづけてください。一〇年後には結婚していますか？

T氏　はい、ピアノの好きな女性と結婚しています。

治療者　お子さんは？

T氏　女の子が一人います。

治療者　では、その娘さんを連れて里帰りした場面を演じてみましょう。ご両親は孫の顔を見てどんなようすですか？

T氏 父も母も喜んでいます。
治療者 お父さんは何をしている方ですか？
T氏 バンドマンです。
治療者 お母さんは？
T氏 ふつうの主婦、専業主婦です。
治療者 ご夫婦の仲は？
T氏 仲のいい夫婦です。
治療者 けっこうですね。ではその晩、あなたとお父さんが水いらずで話をしています。どうぞ、からの椅子を使って、どんな話し合いになるか、ここでやってみてください。たとえば「お父さん、僕、いま、小さな音楽教室をやっているよ」なんて、切りだしてみましょう。
T氏（本人） 親父さん、僕、いま、小さな音楽教室をやっているんだよ。
〔父〕 どうして？ どこかいい会社に勤めていれば、何十万円ももらえているのに。おれはバンドマンをやってきたが、お前にはおれのようになってほしくなかったんだ。ちゃんとした職業で、定収入を得てほしいんだ。
〔本人〕 僕はこれでいいんだよ、親父さん。安心してください。僕はだいじょうぶだよ。
〔父〕 お前にはおれの二の舞をさせたくないと思ったのになあ。嫁さんに苦労をかけちゃいけないよ。

〔本人〕 親父さん、そんなこと心配しなくてもいいんですよ。僕は親父さんが好きなんだ。僕は親父さんに自信をもってほしいんだよ。……親父さん、僕は子どもの頃から、バンドマンのあなたを尊敬していたんだ。もっと自信をもってほしかった！

〔父〕 ……。（しばらく沈黙）お前のいいように生きていけよ。

〔本人〕 うん、僕は僕の人生を生きるよ。それがいちばんしたいんだ。

治療者 はい、ご苦労さまでした。その決心にもとづいて、小さなコンサート、音楽教室が成功する体験を積み重ねていきたいのですね。神経系統の心身症は長い間に習慣化した部分もありますから、自律訓練法はこれからもおつづけになるとよいと思います。

では、Tさんのケースをいつものようにラケット・システムの図を使って、みなさんといっしょにまとめてみましょう。（118ページの図10を白板の上に貼る）

まず信念体系をはっきりさせ、それにともなう感情を調べましょう。Tさん、ご自分をどう思うのですか？

T氏 私はダメ人間という思いが強いのです。

治療者 はい、そして「自分はダメ人間」と思うときは他人をどう思うのですか？

T氏 大学の教授や同僚のピアノ教師たちは優れた人たちだと思います。

治療者 そのほかの人をどう思うのですか？

T氏 みんな尊敬されています。

治療者　他人が優れていて、みなから尊敬されていると思うとき、あなた自身はどんな感じになるのですか？

T氏　私はなさけない気持ちになり、無力感にとらわれます。

治療者　そんな人生をどう思いますか？

T氏　自分の存在がいつも小さくて、居場所がないところという感じです。

治療者　さあグループのみなさん、ここまでのTさんの考え方、感じ方をどう思いますか？

S氏　マイナスの思いこみが強すぎます。

R氏　Tさんは音楽大学を卒業したんでしょう？

Mさん　そうよ、しかもあなたのコンサートを喜ぶ人がいるんでしょう？　あなたはふつうの人よりはるかに優れているわ。

Nさん　そうそう。あなたのⒶは汚染されてるのよ。

Dさん　汚染もいいところよ。そんなに自分をダメ人間と思っていれば、なさけない気持ちになるのはあたりまえだわ。

治療者　なるほど、Tさんの考えと感情はマイナスの形でもちつもたれつのサイクルになっているようですね。

　では、ラケット・システムの第二段階をチェックしましょう。ここでは、このシステムを確認するために、人生をどう過ごしているかを見るのでしたね。あなたは「自分はダメ人間」

と思うとき、どんな行動をとってきましたか？

T氏　クラシックの演奏会の前に十分な練習をするのを怠り、よい評価がもらえない結果になります。

治療者　教授の先生からはなんと言われるのですか？

T氏　いいことは言われません。そこでまた「私はダメだな」と思うのです。

治療者　ほかの人が優れた演奏をすることについてはどうなんですか？

T氏　しっかり練習して認められた人と自分を比べます。とくに優れたピアニストの演奏を思いだしては自分と比較します。

治療者　クラシック音楽を弾くときの体の反応はどうでしょう？

T氏　人差し指が硬直します。

治療者　これについてはワークで、その意味を話してくださいました。その他の体の内部の感覚はいかがですか？

T氏　テクニックばかり求められるのはいやだ。先生たちの反応は冷たい。私は温かい演奏をしたい。……こんな強い不満があります。

治療者　かなり強い反逆の感情といえますね。

T氏　はい。

治療者　そんな気持ちにかられて、よく空想するのはどんな場面ですか？

T氏　ホロビッツのように自由な演奏をしている私です。自分が望むコンサートを開いて、小さくてもいい、自由に弾いている場面です。

治療者　観衆の反応は？

T氏　先生たちは認めないが、観衆は私を認めてくれます。

治療者　ここでの作業は自分の思いこみとラケット感情を、外に現われる行動と内面の感覚や空想の両面からチェックして確認することです。これまでのTさんのお話をグループはどう受けとめましたか？

F氏　マイナスの評価を受けるように自分から計画しているように見えます。

Nさん　そうそう。Tさんほどじょうずに弾けない人もいるはずでしょう。でも、そういう人はぜんぜん見ないで、自分より優れた人とばかり比較している。「私はOK」という情報を初めからシャットアウトしているわ。

E氏　Tさんのその強いI'm not OKの考え方はどこからきたのでしょうね。さっきのワークから、お父さんの影響ではないかと思いました。

Mさん　でもね、TさんはすべてI'm not OKではないと思うわ。その証拠には、空想がそんなに自己破壊的ではないでしょう？　小さなコンサートではOKになれるのよ。

Sさん　私もそう思います。最初はTさんはマイナス思考が強いと思ったけど、本当にやりたいことをしだしたら、OKなピアニストになるに違いありません。

治療者　はい、みなさん、ありがとうございました。Tさんの「私はOKでない」の信念体系がどこから始まって、どのように身についてきたかという問題にまで到達しましたね。また、Tさんの奥に「私はOK」の力がひそんでいることもたしかですね。では、最後の第三段階に進みましょう。いまの問題とも関連して「強化記憶」を調べる作業になります。これまでは主に現在を中心に客観的、主観的なチェックをしたわけですが、ここでは過去の出来事を思い起こして、思いこみやラケット感情がいかに反復・強化されてきたかを整理します。Tさん、「私はダメ人間」と思って、無力感を味わった記憶をあげてください。

T氏　やはり教授の先生から「君の弾き方はなっていない」とか、「何を考えて弾いているのだ」と冷たいことを言われた記憶です。

治療者　そういう記憶はどのくらいありますか？

T氏　小さいのまで入れたら数えきれません。

治療者　いまの調子だと、これからも言われますね？

T氏　(笑いながら) はい、言われるでしょう。でも、もう断ち切りたいです。

治療者　ほかにどんな思い出が浮かびますか？

T氏　学生時代から、同級生に自分の考えを話しても認めてもらえなかったこと、父に話しても相手にされなかったこと、コンクールで人差し指がそり上がったこと……いろいろあります。

治療者　そのたびに自分になんとつぶやいたのですか？
T氏　私はダメ人間。
治療者　こうした記憶や自己否定観は次のコンサートへのやる気につながりましたか？
T氏　自分としては自己を鼓舞してつなげたつもりですが、結果はよくなかったと思います。
治療者　こういう記憶を思いだして整理するとどんな感じ？
T氏　ダメ人間という思いがかえって深まりますね。
治療者　つまり、ラケット・システムの図でいうと第一段階に戻って悪循環におちいるのですね。先ほどのワークで到達した決心を維持するには、何よりも「私はダメ人間」という信念体系を変えることではないでしょうか？　きょうはお父さんにはっきり意思表示するワークをされました。今後また悪循環におちいったら、どの段階からでもいいですから、プラスの情報に切り換えていい気持ちになりましょう。では、これできょうのセッションを終わります。

1 システム論的アプローチ

これまでの心理療法はどちらかというと感情に重点がおかれてきました。思考や行動（症状を含む）が軽視されたわけではありませんが、多くのセラピストにとって、それらの変化は結果として期待されたものでした。しかし、近年、とくに心身医学の臨床において、学習、認知、システムに関する諸理論が導入され、統合的アプローチが実施され、見るべき成果をあげています。

ラケット・システムはシステム理論を応用して、精神内界の力動的プロセスを究明しようとするところに特徴があると思います。ここで、システムというのは、個人の内界の思考、感情、行動の三者が相互に作用し機能することを意味します。本書ではラケット感情を幼時に始まる本能的感情生活、ストローク保持のための代用感情、さらには修正を求める感情記憶という各側面から考察してきましたが、ラケット・システムには、これらに加えて客観的観察および主観的訴えに見られる心身の反応様式やファンタジーが含まれます。これらの諸要因の相互関係は、セラピストの想像と推察にまかされてきました。ラケット・システムによって、心理療法過程におけるブラックボックスの内部を明らかにする試みの第一歩が踏みだされたといえましょう。

2 変化と情報処理

本症例に見られるように、ラケット・システムの力点は感情よりもむしろ思考におかれています。アースキンらは、脚本の幼時判断は子どもが未処理の感情を一種の防衛策として〝なんとか説明しよう〟と身につけることを示唆しています。精神分析でも、人間は弱さや恐怖を感じ、それを誰のせいにもできないときは、自分が悪いのだと考えることを明らかにしています。また今日、考えが行動に影響する過程を問題にする認知療法では、情動の喚起は変化に不可欠ではあるが、それ自体が変化をもたらすのではなく、情動の背後にある思考様式が主要なメカニズムとなるとされています。すなわち、心身症を含む精神病理的な事態は、ゆがんだ情報処理過程によるところが大きいのです。ラケット・システムは、精神内界において、それまでと異なった形で、自他およびQOL（生活の質―幸福感、安定感など）に関する情報を処理するためのデザインといえましょう。

Ⅱ　自己分析法としてのラケット・システム

前回はワークのまとめとしてラケット・システムを活用する方法を述べました。ここではワークへの準備のためにラケット・システムをどのように使えるかを考えてみましょう。以下は筆者が行なっている方法の紹介ですが、読者には、まず自己分析を試みられ、より効果的な方法を編みだしていただければ幸いです。

〈症例二〉Dさん（四〇歳）肩こり、〝人の頼みを断われない〟

治療者　何が問題で、どこをどう変えたいのですか？

Dさん　頼まれると、どんなことにもノーと言えないのです。イエスと言ってしまったあと、重い気持ちになります。依頼されても、イヤなときは断れる自分になりたいのです。

治療者　では、このチャート（図10・118ページ参照）にそって調べてみましょう。その重い気持ちの記憶は？

Dさん 中学生の頃です。母が私にぐちをこぼすようになり、私が毎日それを聞いているのを思いだします。

治療者 ここでその場面を再現し、ぐちを聞いている自分になってください。まず、自分について心のなかで思っていることは？

Dさん これが私の運命なんだ。私はぐちの聞き手になるしかないのだ。

治療者 お母さんについては？

Dさん 母という人は疲れる人だな。

治療者 というと？

Dさん いつもうるさく話したがるので、聞き手の私はとても疲れるという意味です。

治療者 ああ、あなたを疲れさす人ということですね。

Dさん はい、でも母は私を疲れさそうなどと考えていませんね。（一人でうなずく）

治療者 そんな生活や人生一般について、何かひそかに考えていますか？

Dさん はい、人生は暗いところだと。

治療者 心でそう反応したときの感じは？

Dさん 最初に言った重い気持ちと同じです。

治療者 でも、いまこうやってみて、中学生のときの本当の気持ちはそれでしょうか？

Dさん　いいえ、怒りではないかと思います。いま、母に怒りは感じませんが、怒りがあってもおかしくはありません。父に言えばいいのに、娘の私にぐちをこぼすのですから、腹が立ってもふつうですよね。（語気が強くなる）

治療者　なるほど、考えと感じのズレはしっかりと押さえておきましょう。では、先に進んで、行動をもう少しくわしく観察してください。

Dさん　チャートの真ん中の部分ですね。どうすればいいのですか？

治療者　いろいろな調べ方がありますよ。どうでしょう、グループのみなさんといっしょにあなたのこれまでの人生のビデオを見るなんて。

Dさん　「私の半生」なんていう題のビデオをごらんになったら、みなさんはきっと、私が問題のある人ばかりに近づくタイプだと気づくでしょう。自分からぐちは言わない。イヤなのに人のぐちを真剣に聞く私。でも、そのニコニコ顔の裏には堅くつっぱった表情を見抜くと思います。頼まれると「はいはい」と引き受ける私の姿も出てきます。ビデオには家に帰るとぐったりして、ため息をついている姿も映るに違いありません。

治療者　観衆はそれを見て、あなたがどんなラケット感情の持ち主だと思うでしょうか？

Dさん　落ちこみ屋の憂うつ症……重い気持ちでいる姿がよく出てきますから。

治療者　外のあなたの観察から、心の内部に進んでください。体に感じる緊張や不快感は？

Dさん　腹部の重い感じとひどい肩こりです。

治療者　ビデオを見ていて、ほかの体の部分に何か気づきますか？

Dさん　体の症状ではありませんが、行動面で一つのシーンが見えます。ぐちの聞き役が重荷になったので、母から離れようとしました。二五歳のときです。実際、下宿に引越しました。しかし、今度はそこで同僚たちのぐちの聞き役になっているのです。

治療者　なるほど、それでまた、自分自身を疲れさすのですね。

Dさん　そうです。人が私を疲れさすのではなく、自分で自分をくたくたにするのです。母に対してやってきたことと、まったく同じやり方ですね。

治療者　では、ついでに空想についてもお話しください。

Dさん　私、こんな生き方をつづけていたら、そのうちバーンアウト（燃えつき症候群）になるのじゃないか、とよく思うのです。でもうまくいくと、病院かどこかで相談役をしているような気もします。

治療者　はい、ご苦労さまでした。これでチャートの一クールを終わりました。では、最初の右端の記憶の部分に戻ってください。これまでのお話とよく似た思い出が何かありますか？

Dさん　私は、いままでよくグループの調整役を演じてきたことを思いだしました。「あんたがいるとけんかがおさまる」とか「おだやかで、いい人」なんてよく言われてきました。……これは母の相談役と同じですわね。

治療者　なんらかの理由で――たとえば、ご両親の不和を防ごうなどという思いから、お母さんの相談役になるのを断ってはいけないと決心したのかもしれませんね。次回は、このへんを探っていきましょう。

〔症例三〕Kさん（三九歳）頭痛

治療者　何かいやな記憶を、きょうまでもちつづけていますか？

Kさん　裸電球を見るたびによみがえってくる記憶があるのです。私は五人きょうだいの末子で、三歳のときに母が亡くなりました。さびしい思いで、父の帰りを待っていたある晩のことです。父が「ただいま」と言って家に戻ると、すぐ上の兄が「K子はきょう八回も泣いたよ」とすぐに報告したのです。そのとき、父は私にいちべつも与えず、部屋に入ってしまいました。涙でにじむ電灯の光がいまだに記憶に残っているのです。

治療者　その悲しい場面をまだ手放していないのですね。さっそくチャート（図10・118ページ参照）の第一列目から自己分析をしてみませんか？

Kさん　まず、私は無価値な人間だ。二番目に兄は陰険な性格だ。父は心が空洞のような人だ。人生については、この世には頼れる人なんかいない。……こういうマイナスの考えが私にはしみついているのです。

治療者　その晩の出来事を思いだすたびに味わう感情は？

Kさん　父にも兄にも強いうらみを感じます。

治療者　あなたにとってうらみというのが実感でしょうね。それはそうと、そのときのお父さんの態度は納得できますか？

Kさん　いいえ、いまでも納得していません。

治療者　幼い子は納得できないと、本当の気持ちをおさえこんで、別のさまざまな考えでつらい場面を生き抜こうとするのでしたね。もし三歳の子が、母の死に加えて、父の愛までも失いそうになったら、どんなふうに感じるでしょうね？

Kさん　すごく悲しい、さびしい。

治療者　あなたが心の奥にしまいこんだ本当の感情はそれかもしれませんね。

Kさん　うーん、そうかもしれません。とにかく母の死後、私は泣き虫だったそうです。

治療者　では、真ん中の行動の観察に進んでください。

Kさん　はい、私はよくものごとをギリギリまで延ばして叱られるのです。それに、何かをやると言って実際にやり通した人と自分を比べ、そこでも「私はダメな無価値な人間だ」と自分に言いきかせるのです。その他、みじめになるとタバコを狂ったように吸います。でも、私は人に甘えるのはきらいなのです。こう見えても私は世話やきなのです。

治療者　どんな空想をしますか？

Kさん　いつか芸術家のパトロンになってやろうと、一生懸命にお金をためています。

治療者　あなたの言う自己無価値感を証明する別の記憶が浮かびましたか？（チャートの強化記憶の欄をさす）

Kさん　ええ、信用していた友人に五〇万円、五〇万円、九〇万円と三度お金を貸して、結局返してもらえませんでした。その人は知的でセンスのいい人でした。いま思うと自己無価値感が満たされて、おだてられていたのです。私って、こんなところがあるのです。（笑う）

治療者　お気づきですか、いま、笑いましたね。でも、私はあなたといっしょに笑えません。これからうらみのラケット感情と無価値人間という思いこみを手放すためのワークをしてみませんか？

1　ラケット・システムによる調査の手順

筆者はふつう一〇人前後のグループで次のような順序で導入を行ないます。

①コンタクトをつける

まず集団を三〜四人の小グループに分け、テーマを与えてしばらく話し合いの時間をもちます。「人生を楽しむために、あなたは何をしていますか」「自分のOKな部分、OKでない部分について」「忘れられない人生最初の記憶はどんなものですか」などのテーマが、あとのプロセスに役立つようです。

②チャートの部分

図やチャートを用いてラケット・システム（脚本システムとも呼ぶ）を紹介します。とくにシステムという概念について、その特徴をわかりやすく説明します。筆者の場合、以下の点を強調しております。

●システムというと機械や大きな装置などを考えますが、心と身体がともに備わった人間もシステムとみなすことができます。

●あなたのなかのいろいろな部分（感情、考え、記憶、行動など）は相互に作用し合いながら、共通の目標のためにともに働いています。

●あなたのなかのいろいろな部分を個別に扱うのではなく、まとまりをもった全体のなかで把握してみましょう。

●システムは情報を基礎として成り立っているものです。それぞれの部分の間で情報の収集、伝達、交換を行なっていきましょう。

③感情記憶（118ページ図10の右端）からスタートする

グループから問題提供者を一人選び、その人を中心に調査を進めます。筆者は通常次のような質問から始めています。

●ものごとや対人関係がうまくいかないときに、あなたはどんな気持ちになりますか？　そこで味わう気持ちを話してください。

●何かについて、ふっと思いだすいやな場面を一つ選んでください。どんな感情がともないますか？

●あなたは、きょうまでもちつづけているいやな記憶がありますか？　それはどんな苦痛な記憶ですか？

④場面の選択

いやな記憶を思いだしたら、その場面に身を置くように指示し、治療者は患者を助けてなるべく早くⓒの状態に入るようにうながします。

●そのとき、そこにいるように、いやな場面を思いだし、体験してみましょう。あなたはいま、どこにいますか？　何が見えますか？　どんなにおいがしますか？

この作業でだいじなことは、患者はⓒであるとともに、Ⓐとしての気づきも保持している点です。つまり、ただ単に過去に戻るのではなく、その場面に自分が責任を負う力をもつわけです。したがって人生のもっとも早期の場面は、たとえ想起しても取り上げないことにします。

⑤信念体系（脚本信条）へ進む

チャートの第一列に移ります。三つの対象についての考えを探っていきます。

(1)自分について

人はいやな感じを抱いたときには、その直前に何かを考えているものなのです。感情を味わう直前に浮かんだ考えを調べてみましょう。自分について、頭のなかで何をつぶやいていますか？

(2)他人について

そんな考えをするとき、相手（他人）についてなんと言っていますか？　自分をダメ人間と思うときは、他人をどう思いますか？

(3)人生（QOL）について

人生についてあなたの頭のなかの声にも耳をかたむけてください。いま過ごしている人生をどう思いますか？

もし白板などに余白があれば、次のような文章完成方式で記入していくのもよいでしょう。

私は［　　　］だ。

相手（他人）は［　　　］だ。

人生は［　　　］だ。

注意すべきことは、文章完成テスト（SCT）に見られるような長い記述は避け、一つか二つひそかに抱いた考えを短く書くように進めます。

⑥抑圧された感情を探る

これは、明確に同定できないことが多いものです。治療者が介入して、患者がⒶを使って自問するように進めるのがよいと思います。問いは、たとえば次のようなものです。

- あなたは、その体験をめぐって抱いた考えを話されましたが、その間に一瞬でも何か感情を味わいませんでしたか？
- もし誰かありのままの感情を表わす人がいたとしたら、あなたと同じ体験をした場合、どんな気持ちになったと想像しますか？

●人間が体験するありのままの感情というものは、そんなに数多いものではありません。自然な感情とは喜び、怒り、悲しみ、恐怖などです。あなたはこの種の感情のどれを押さえこんでしまったと思いますか？

⑦早期決断を探る

信念体系は、患者の早期決断を示唆することが少なくありません。幼い頃、患者が生き残るために、何を考え、どんな結論に達し、本能的感情反応（決断）をしたかを話し合うようにします。ここでグールディングらの禁止令のリスト（39ページ）を参考にして、決断を明確化するのもよいでしょう。

⑧症状行動のチェックを行なう

チャートの中心部分に移り、⑦の結論と決断を証明するために、人生をどう過ごしてきたかを、三つの領域にわたって調べます。筆者は次のような質問が効果的と考えております。

●自分をダメ人間と思ったとき、どんな行動をとりやすいですか？

●他人が自分より優れていると思うとき、どのようにふるまいますか？

●他人との交流様式をふり返ってみて、あなたがとる特有な態度にはどんなものがありますか？

●あなたが達した結論や決断（信念体系）に関連した行動や交流様式には、その他どんなものがありますか？

●ストレスの下で、あなたが決まって起こす体の症状が何かありますか？
●あなたは心身症といわれるような症状を起こしますか？
●子ども時代から、どんなことをよく空想してきましたか？　いまよく空想することは？
●空想のなかで、最悪の出来事としてどんなことが起こりそうですか？　また、最高の出来事の空想は？
●くり返してよく見る夢がありますか？　昔、見た夢で、いまでもくわしくおぼえている夢がありますか？

⑨再び感情記憶のコラムに戻る

これまでの経過の間に、患者の多くは他の記憶を想起しているものです。次のような質問で、さらに連想をうながすようにします。
●そのとき思いだす出来事は、他にどんなものがありますか？
●初めに思いだした場面と、その後に思いだした場面とはどんな点で似ていますか？

⑩最後に信念体系に戻り、要約する

脚本信条とラケット感情が明らかになるにつれ、患者のワークへの動機づけが可能となります。以下のようなコメントが役立つかもしれません。
●あなたが思いだした記憶は、ご自身、他人、人生全般について、どんな働きをしているのでしょうね。

●あなたが問題にしている生き方や考え方を調べると、幼い頃を生き抜くために身につけた戦略（問題解決法）をいまもそのまま使っているように見えますが……。
●あなたの感情は、子ども時代に何度も体験した古い感情、つまりラケット感情だと気づかれましたか？
●幼い頃の決断、すなわち当時の情緒的反応や体の緊張が、いまなおあなたの生き方を牛耳っているようですね。
●このままの考え方、感じ方、行動様式をつづけていったら、二〇年後、三〇年後にあなたの人生はどうなっているでしょうね。
●あなたの幼児からの考え方や信念は一種の「思いこみ」で、現在のあなたの生活にそぐわず、かえって障害になっているかもしれませんね。

2 幼児決断について

調査にあたっては、いうまでもなく、アンケート用紙に記入する場合のように、治療者が質問項目にそって矢つぎ早に聞いていくのは好ましくありません。あくまでも患者さんのペースと自由な陳述を尊重して、できれば患者さん自身がチャートの各項目に書き入れるようにするのがよいと思います。患者さんが考えるのを援助するのです。

ところで読者のみなさんのなかには、幼時決断というが、幼い子が大人のように選択、決断することができるだろうか、という疑問をもたれる人もいらっしゃるかもしれません。

交流分析では、きびしい世界で幼児は妥協をしながら生きていくために、自分の要求を満たす手段として幼時決断を行なうと考えます。この点でスチュアートは、言葉の発達段階をもとに二種類の脚本決断を区別することが必要だと論じています。一つは拮抗脚本《きっこうきゃくほん》に関する決断です。拮抗脚本あるいは拮抗禁止令とは、親のⓅから言葉によって発信されるメッセージで、たとえば「うそをついてはいけない」「頑張りなさい」など子どものⓅのなかに保持されているものです。言葉を使えるようになった幼児期後期に、両親が出すモットーやスローガンを受けるとき、子どもはそれに従うのが得策だと選択、決断するものです。これには文化的要求も含まれます。

これに対して、幼児期初期の決断は言語化できる前のもので、感情体験を主としています。これを大人の現実世界の論理からすれば〝決断〟と呼ぶことに異論があるかもしれませんが、自我心理学的視点に立つと、子どもの主体的な情動反応であり、一種の決断と考えられます。

このほか、精神分析では肛門期には魔術的思考が優勢であることが指摘されています。また、これはピアジェの前概念的思考と一致しています。幼児初期の子どもは大人のように因果関係によってではなく、具体的な呪術のような考えで、体験に結論を下すのです。たとえば、弟が死ねばいいと思えばそのとおりになるとか、自分がイイ子になれば父母が仲よくなるといったものです。脚本分析の目的でラケット・システムを活用するとき、信念体系のチェックでは、この後者の決断が問題になるのです。

スチュアートの発達段階にもとづく考え方については、単に年齢で判断するよりはその内容が言語レベルで決断したものか、情動レベルで反応したのかという受けとめ方をしたほうがよいと思われます。ラケット感情表出の欄には身体症状があげられていますが、情動レベルの反応には感情はもとより、身体感覚の変化、身体的緊張、各種の心身症的反応など、身体の異変が当然含まれるからです。

第四章

こじれる人間関係のからくり

I　ゲームの方程式——自己分析の記録から

この章では、日常生活に見られる〝こじれた人間関係〟を解明するゲーム分析についてお話しします。

筆者はワークショップなどでゲームについて講義したあと、自己分析をすすめ、「自分の生活のなかでゲームを探し、分析して解決法を見つける」というテーマでレポートを書いてもらうことにしています。ここではそのなかの二つを紹介し、ゲーム理論を考えてみたいと思います。

〔症例一〕Tさん（三六歳）朝起きのゲーム

〈私の演じるゲーム〉

私は次男（K夫、小学校三年生）と他の家族との間で、毎朝ゲームをくり返している。このゲームの歴史は長く、三年前K夫が小学校に入学したときに始まった。当時、教師である私は通勤時間がわずか三分のそれまでの学校から、三〇分以上かかるいまの学校に異動した。ここにこの時間のギャップを埋める努力をしていないためにゲームが成立したのだと思う。ここにK夫と私および家族との毎朝のやりとりを記してみたい。

朝六時、目覚まし時計がやさしい音色で私に「起きなさいよ」と告げる。私は「ごめんね、あと少しね」と時計にあやまりながらベルを止める。時計は静かになり、私は再び夢の世界に戻る。そしてハッと気づいたときは六時三〇分。「これはたいへん！」と、とび起き、七時一五分に家を出る長男を起こし、朝食の支度を始める。

きょうは何を食べさせようかバタバタしながら、六時四五分にＫ夫を起こす。やさしい声で、「Ｋちゃん、お早よう。起きる時間よ」と。Ｋ夫は「はい」と返事をする。台所に戻る。六時五〇分頃、ようやく朝食の準備ができ、長男が食べはじめる。その間に、走って庭におり、昨夜すませた洗濯物を干す。セカセカと家に入るとだいたい七時。Ｋ夫はまだ起きてこない。イライラがつのった私は部屋に行き、「Ｋちゃん！　起きなさい。まにあわないわよ。みんなに迷惑かけるでしょ！」と大声で怒鳴り、布団をはがしてゆすり起こす。抵抗するわが子をベッドから出し、食堂まで引きずってくる。そこで再び「早く着替えなさい！」と怒鳴る。

まだ目が覚めていないＫ夫は、床にひっくり返って眠る。私は「早く着替えなさいったら、わからないの！　みんなに迷惑かけるし、お母さんまで遅刻するじゃない！」とまくしたてる。Ｋ夫は半分眠ったままで、くたりくたりと体を動かしながら、私にされるまま。着替えが終わると、私は「顔を洗って目を覚ましておいで！」とまた怒鳴る。

それまで食事をしながら二人のようすを見ていた長男が、「お母さん、大声でけたたましく言っているけど、Ｋ夫の耳には何も入ってないよ。僕だって、そんなに次から次へ言われたら、右から左へすっと抜けてくもん」と、私の胸にぐさりと突き刺さるようなことを言う。「なんでこの子がこんなことを……」と思わず私は首をかしげるが、長男は冷静である。

洗顔を終えてきたK夫はテーブルに着く。しかし、またしてもボーと座ったまま。

私　「お箸」と叫ぶ。

K夫　（箸を持つ。しかし、持ったまま手が動かない）

私　「食べなさい！」とテーブルをたたく。ここで、大声で叫んでいるのが耳に入った主人が起きてくる。

主人　「K夫、どうした？　なんでお母さんを怒らせているの？」（この言葉もほとんど日課になっている）

私　「お父さんも早く起きてきて、子どもたちといっしょに食べてくださいよ」

（ここでしばらく、子育てをめぐる夫婦の責め合いとなる）

K夫はのっそりと食べている。ご飯粒を五粒ぐらい箸の先でつまむと、ゆっくりと口に運ぶ。再び私のイライラがこうじる。「そんな食べ方じゃまにあわないでしょう。もっとガブガブ食べなさい！」とテーブルをたたく。

時間は七時三〇分。「もうお母さんはまにあわないから、学校に行く用意をするわよ。四〇分までに食べておくのよ」と言い残して、私は席を立つ。

急いで部屋に戻り、出勤支度を始める。「もうまにあわないわ」と一人でぶつぶつ言いながら、時計を見ると七時五〇分。K夫は集団登校のため、遅くても五五分には家を出なければならない。その時刻には私も家を出ないと、まず遅刻となる。バタバタと走りながら食堂の戸を開けると、K夫はご飯を半分食べただけで、おかずはほとんど手をつけていない。私はまた叫ぶ。「もう時間でしょ。いつまで食べてるの。牛乳だけゴクゴク飲んで、早く歯を磨いて、うんちをしなさい」

私は「遅刻だわ」と言いながら、部屋に戻る。あわてて牛乳を飲むK夫。歯を磨き、排便をすませて、カバンを取りに来たときには、すでに八時になっている。「早くカバンをしょって行きなさい。のろのろ歩いていないで、走っていくのよ！」と怒鳴りながら、私も家を出る。「ああ、きょうもまた戦争だったわ。悲惨な一日の始まりだわ」と私は自己嫌悪におちいるのである。

通勤途上、私は渋滞や赤信号に八つ当たりしながら車を飛ばす。職場の学校に着くのが八時三五分。「ああ、またきょうも遅刻だわ」と自責の念を抱きつつ職員室にかけこむ。「おはようございます。すみません」と笑顔を作り、大声であいさつをする。長々と書いたが、これが私の一日のスタートなのである

〈ゲームの分析〉

このゲームを分析してみたい。まず、起床の段階で、私のなかのⓅが「起きるべきだ」と言うと、Ⓒの声が「もう少し寝ていたい」とつぶやくのである。これに対して、Ⓟは「もう

少しならいいだろう」と答えてしまう。しかし、気がついてみるとⓒがバタバタと走り、ダンスをしている。

また、K夫を起こすときも、表面では私のⓅは「一人で起きなさい」と言っているものの、裏面ではⓒがバトンをゆずり受け、イライラとあせりだす。私は、いつもの音楽演奏を奏で、ダンスをつづける。ここでやっと、K夫のⓅは「起きるべきだな」と動きだすのだが、私はそれを「なんてダメな子なんだろう」（OKでない）と無視する。

このとき、「仕掛け人（K夫）」は、ぐずぐずした動作で「かも」になった私に餌《えさ》を差し出すのである。のろまに弱い私が、さっそくそれに反応するので、ゲームが進行する。「切り換え」は、私のやさしい声が怒鳴り声に変わる頃から始まるが、しばらくして、日頃やさしい長男（救済者）が鋭い批判の言葉を私に発する（加害者になる）ときに完了する。私は「なんでこの子が、こんな冷たいことを言うのかしら?」と内心で驚く。

K夫の助っ人（救済者）として主人が駆けつけると、混乱はピークに達する。主人も長男もそれぞれ私の態度を責めるので、私も反撃せずにいられないからである。

ゲームの結末は、いつも車のなかで味わう自己嫌悪感。それに加えて職場の入り口で感じる自責の念のようだ。

一日の出発の大切なひとときに、私のⓒが主導権を握り、時間とエネルギーを消費している。そのため、私だけでなく、主人や子どもたちも不愉快な気分になる。K夫もⒶで考え、行動する余裕がなくなっているのだと思う。これではまるで〝家族ゲーム〟である。

私のⒶはどこへ行ってしまったのだろうか。どうしてⒶで考えられないのか。この時間をⒶで考え、楽しい時間にすれば、ゲームは解消されるのではないだろうか。そして、プラスのストロークが交換できるような言動、態度をとれるようにすればよいのだと思う。

では、どのように改めればよいのか考えたい。まず私が朝起きるときから、改善してみたらどうだろうか。目覚まし時計が起床時刻を告げたとき、「起きるべき」というⓅと「いや、もう少しぐらいならいいんじゃないの、だってまだ眠いんだもの」というⒸのやりとりをⒶに聞いてみる。Ⓐは「朝食の支度と洗濯物干しには少なくとも四五分は必要よ。眠いでしょうけど、もう起きたほうがあなたのためじゃない?」と冷静かつ客観的に答えてくれるだろう。ここでⒶの判断にもとづいて起床すれば、ゆったりと朝食の準備をし、子どもを起こす前には、私のコーヒータイムもとれるかもしれない。

そして「K夫おはよう。よく眠れた?　いい夢見た?」などと余裕をもって対応すれば、K夫も「うん、おもしろい夢を見たよ」と起きてくるだろう。私は「きょうはすっと起きられたね。えらかったね。どんなおもしろい夢を見たのか教えてね」と応じる。このようにプラスのストロークが交換できれば、スムーズに着替えができて、朝食もみんなで楽しくとることができそうな気がする。また、気持ちのいい声で「行ってらっしゃい」と見送ることもできるだろう。

さらに、出勤途上の車中でも、ゆったりとした気分で素敵な音楽でも聴きながら、安全速度で走り、勤務開始時刻の五分前には職場に到着。「きょう一日、元気よく、笑顔で頑張るぞ」と気合いを入れて、職場のみんなにゆとりのあいさつができることと思う。

〔症例二〕Mさん（五〇歳）部下の看護婦とのゲーム

〈私の演じるゲーム〉

若い頃、私は職場の人間関係でさほど苦労したおぼえがない。私はかなり自己主張しながらも、同僚、上司から適当に好意を得ていた。二度目の職場では、いっそうやりたいことをやったので、私に好意的な人と批判的な人とはっきり分かれていた。したがって軋轢《あつれき》は多かったが、それでも、職場で誰かと対立したり、ひどく腹を立てたり、険悪な関係にはならなかった。（私に対してそういう感情をもった人はいたが、私自身が悩むことはなかった。患者さんとの関係では悩んだが）

ところが現在、看護婦長として管理的な立場になってみると、自分の感情的な問題がいくつかの困難を生じてきたのを感じる。いまのところいちばん気になっているゲームについて以下に分析する。

①ゲームの始まり　部下Nと仕事上の意見交換をする。Nがいるだけで「またいやなこと

を言うんじゃないか」と緊張し、顔がこわばってくる。ていねいに聞き、Nの言い分を理解しようと努めるが、論旨がわかりにくい。

②経過　いったい何を言いたいのか、と聞きたくなる。重要な報告をしない、「みんなもう疲れてますから」などうしろ向きの発言、「これはみんなが言っていることですが」という言い方、主張とふだんの行動が一致しないこと。しつこいし、まわりくどい。それらに気がつくと私はイライラしはじめている。私が何か意見を述べる。「まあ、それは……」と鼻先であしらうように言う。たいていこのへんで、私はカッとなる。思わずひとこと言うこともある。しかし、言わずに黙っていることが多い。言葉で反応してもしなくても、ざっくり傷つけられたような不愉快さが残る。

③ゲームの要素　Nからの表面上のメッセージは、仕事上の問題の指摘、提案、相談である。かくれたメッセージは、私への不満、攻撃など。「私があなたなら、そういうやり方はしない」という批判もある。私の側は表面的には言い分を聞こうとしているが、裏面には警戒と不信がある。私は、Nからのかくれたメッセージ（といってもずいぶん露骨だと思うが）に、ストレートに反応してしまう。まず表情に出るし、頭が混乱して冷静でなくなり、問題に適切な対処ができない。

④結末の予想　いま現在、私とNの関係は表だって悪いわけではない。二者関係でなければ、私はNに対して冗談や世間話ができるし、Nからはまずしないが、私のほうはあいさ

つも欠かしたことがない。Nの仕事のよい面も評価する。しかしときどき「がまんにも限界がある」と思う。

最近私のパワーはひじょうに落ちていて、確執をつづけるより、いや気が先に立つ傾向がある。仕事を放棄することはないと思うが、ほかの要素がからむとわからない。私が堪忍袋の緒を切ってNと決着をつけようとすれば、Nは追いつめられて、スタッフ何人かを巻きこむ大騒ぎになるかもしれない。

〈ゲームの分析〉

Nとのゲームやほかの対人関係での行き違いで、私の抱く感情はほぼ似通ったものである。まずムカッとする。怒りと反抗心、対抗意識、ひとことで言うと「不当な!」という思い。それを直接言葉にできる関係ではまた違った問題を生じるが、言葉にできない場合は、いやな思いが残る。Nだけでなく、他のすべてからつながりを断ち切られてしまったような孤独感、全面的に否定されたようなむなしさ。投げだすか、逃げだしたいような気分。

ラケット感情の起源として、具体的に前後関係を思いだせるのは、小学校一、二年生のことである。親戚にお使いに行った。叔母が帰りの切符を買ってくれたので、使わなかったお金で妹にみやげを買った。なぜか母には切符を買ってもらったとは言えず、みやげのお箸をどこで手に入れたのかひどく詰問された。母の口調がこわいのと、「何も悪いことはしていない、妹を喜ばせようといさんで帰ったのに」という思いでいっぱいになって黙っていた。

結局はくわしいことを言わされたが、みじめだった。

私が母から受けた否定的なメッセージを数えあげたらきりがない。「素直でない」「かわいげがない」「扱いにくい」「先が思いやられる」「お姉ちゃんのくせに」……、母の怒りは妹たちに向けられず、私に集中したから、たとえ私が悪いと感じたときでも反発のほうが強かった。「自分は両親にとって悪い子である」という受けとめ方を、私はかなり長い間引きずっていた。自分はこれでＯＫと言えるまでに多くの人に助けてもらった。「両親にとって私が悪い子である必要があったのだ」と自分の責任を感じなくてすむようになったのは、ごく最近のことである。

交流分析の講義を受けて、それでもまだ、あの頃の感情パターンが現在の自分を支配しつづけていると気づかされた。私のラケットに二方向あるように思う。一つは、母に対する反抗そのままに、上司のＣＰに私のＡＣが反抗している場合で、もう一つは先に分析したゲームのように、私のＣＰが部下にＡＣを要求している場合である。これは、子どもの私に対して母が感じていた感情体験ではないだろうか。

私の演じるゲームはほかにもたくさんある。ゲームは生活時間を構造化する手段だというが、ふり返ってみると、私の生活時間の多くがゲーム（これまで悪癖《あくへき》とか、行動化と呼んでいたが）の組合わせで成り立っているのに愕然《がくぜん》とする。私は今年中に主なゲームを解消する見通しをつける決心である。

1 二つのゲームの経過

症例一でTさんはゲームをⓅ、Ⓐ、Ⓒで観察し、次にバーンの「ゲームの方程式」(図11)にそって分析を試みています。さらにⒶを積極的に使い、同時にプラスのストロークを自他に与えることでゲームからの解放をはかっておられます。症例二では、ゲーム交流の観察から一歩進んで、結末で味わうラケット感情の分析を行ない、幼時に身につけた本能的な感情生活の修正へと向かっています。

筆者は一年後に両症例に面接して経過をたずねてみましたが、T教師の場合は、ほとんどここに記したプランどおりに時間を構造化し、ストローク交換を改善した結果、朝のトラブルはまったくなくなったと述べています。Mさんは、筆者の応用コースに参加し、幼時の母親のイメージと対決して、当時の感情、思考及び行動様式の修正(再決断療法)を行なっていました。現在では、リラックスした姿勢で婦長としての役割を演じられるようになった、との報告を受けました。

2 ゲーム理論の変遷

ここでは、ゲームの概念が混乱しないよう、バーンの理論的変遷をたどってみましょう。『人生ゲーム入門』(一九六四年)のなかで、彼は時間の構造化に関して、儀式、雑談などで他の時間の費やし方とゲームでの費やし方は、二つの点で異なることを強調しています。一つはゲームが表面(社交)と裏面(心理)の両方のレベルで行なわれる点です。これは意識の背後にある潜在意識にもとづく交流をわかりやすく説明したものと解せましょう。のちに、これは『集団療法の原則』（一九六六年）のなかでさらに追求され、conとgimmickという概念へと発展しています。conは〝餌〟、gimmickは〝弱み〟と訳されていますが、バーンはconを〝かくされた動機〟、gimmickはconに反応しやすい準備性（弱点）、あるいは餌を受け入れる食欲、要求というようなニュアンスをもたせています。

もう一つの差異は、ゲームの結末（報酬）です。バーンは、ゲームははっきりと規定された、予想できる結果に向かって進行するとしました。彼は「ゲームの本質は結末にあり、ゲームの動きは結末へ向かって舞台を整えることにある」と述べています。しかし、肝心の結末のメカニズムについては、『人生ゲーム入門』では数多くの利益という形で分類されていますが、まだくわしく論じてはいません。

一九六三年の著書『組織と集団の構造と力動』では、バーンが初めてふれたこのテーマが再びよみがえります。それはゲームの進行過程では予想外の変化（とくに役割面での「切り換え」）が起こるという観察です。この点は、さらに『交流分析による性と愛』（一九七〇年）で追求されます。ゲームを演じる人は、カープマンの三角形（171ページ参照）の各頂点に記されている迫害者、犠牲者、救済者の役割を交替しながら、ストロークを交換するというものです。この役割交替劇が、じつはゲームの進行途中で起こる予想しなかった、びっくりするようなことの本体です。

このような変遷《へんせん》をたどり最後に到達したのが、今日よく用いられているいわゆるバーンの「ゲ

■図11：ゲームの方程式

C	→	G	→	R	→	S	→	X	→	P.O.
Con	→	Gimmick	→	Response	→	Switch	→	Cross-up	→	Pay off
えさ（仕掛け）	→	（ワナ）弱みをもつ相手	＝	反応	→	（切り換え）交差的交流	→	混乱	→	結末（利得）

（出典　Berne, E. : What Do You Say After You Say Hello? p.23,Grove Press, 1970）

ームの方程式」です。最後の著書『あいさつのあとは、どんな話になるのか』（一九七二年）において、彼はさまざまな交流のなかで、図11の方程式にあてはまるものにかぎって、ゲームと呼ぶことを提唱しています。彼はもともとゲームを社会的接触の理論として提唱したのですから、「ゲームの方程式」は二人かそれ以上の人間の交流を、分析、識別するためにつくられたものなのです。したがって、餌（C）を差し出す人と、それに食いつく弱みのある人（G）とは別々の人ということになります。また、切り換え（S）の段階でも、役割の交替は複数の人の間で行なわれます。さらに混乱（X）の段階では参加者がともに混乱の瞬間を体験する、というものです。

　これに対して、再決断療法の開発者であるグールディング夫妻は、ゲームは二者間で演じられるものだが、そのからくりはむしろ主に一人の人間の心理過程であるととらえているようです。ゲーム分析にあたって、一人の精神内界の動きを重視するという考え方だといえましょう。

Ⅱ　ゲーム・プランの応用——ゲームの動きとメッセージ

ゲームの分析のしかたには、前章で論じた「ゲームの方程式」（バーン、一九七一年）を含めていくつかありますが、本章ではＪ・ジェームスとＬ・コリンソンらが考案した「ゲーム・プラン」を考えてみたいと思います。「ゲーム・プラン」は次のような質問項目にそって、ゲームの動きを追っていきます。


問一、あなたはあと味の悪い感情にかられることを何度もくり返していませんか？　それはどんなことですか？

問二、それはどのような形で始まりますか？

問三、次に何が起こりますか？

問四、（秘密の質問ａ・裏面交流）

問五、またその次に何が起こりますか？

問六、（秘密の質問ｂ・裏面交流）

問七、それはどんな形で結末をむかえますか？

問八ａ、終わったときに、どんな感じを持ちますか？

問八b、相手はどんな感じになると思いますか？

このプロセスは自己分析の形で一人で行なってもよいし、グループのなかでメンバーとともに答えを確かめながら進むこともできます。

質問の順は、問一、二、三、五、七、八a、八bです。右記の問四、問六の〝秘密の質問〟二つは、問一〜八bすべてに答えたあとに、次の項目を考えて回答をつけ加えるものです。

問四、相手に対する、あなたのかくれたメッセージはなんですか？

問六、あなたに対する、相手のかくれたメッセージはなんですか？

この場合、かくれたメッセージとは、バーンの「ゲームの方程式」ではS（切り換え）とX（混乱）にあたり、またグールディング夫妻のゲームの図式の上ではSM（秘密のメッセージ）として点線で表わされるものです。表向きのストレートな刺激と同時に発信される心理的レベルのメッセージなのです。

〈症例三〉Kさん（三九歳）夫婦げんかのゲーム

私ども夫婦は、一〇年にわたって以下に書くようなゲームを演じてきました。この間に私は、心身クリニックでカウンセリングを受けたり（実際には抵抗して三回ほどでやめてしまいました）、夫といろいろ話し合ったりしましたが、同じけんかをくり返すだけでした。しかし、交流分析を学び、セミナーに参加してゲーム分析を応用したところ、自分の内面への向かい方がわかり、自分の言動へのさまざまな面に気づくようになりました。最近は私のほうからゲームを止めることができるようになったので、その分析を書いてみます。

〈ゲーム・プラン〉

問一への回答・どんなことを繰り返すか？

夫が酒を飲むと決まって夫婦の会話がこじれ、ついには夫が暴力をふるい、午前一時頃に私が折れて、二人とも別々のベッドに入る。

問二への回答・ゲームの始まり

夫は酒を飲んで話がくどくなる。内容は自慢話、彼の実家の話、会社のぐちなどであり、聞いていて不愉快になってくる。イライラしておもしろくないのでおざなりな返事をし、早く飲み終えてしまえばいいのに、という気持ちがつい態度に出る。

問三への回答・次に起こること

相手にそれがわかり、酔いも手伝って腹を立てる。このとき、こちらが気分を変えてあやまって楽しくしようと努力すればいいのだが、「フン、また怒りだした」というような態度になってしまうので、相手の気持ちを逆なでしたようになり、夫はよけい怒り、大声を出したり物にあたったりする。私は、相手の酒乱のような態度を軽蔑して冷ややかに見ている。

問五への回答・次に起こること

夫はさらに怒り、収拾がつかなくなる。隣近所へ大声や物音が聞こえるのがいやで、私はやめさせようとするが、そういう意図がわかるのか相手はますます怒り、暴力をふるう。私は本当に恐ろしくなり、なんとかしようとあやまるが、もう相手の気持ちはそんなことではおさまらず荒れ狂う。

問七への回答・どう終わるか

ひとしきり私の悪いところや、いやなところを指摘され、さんざん悪く言われて、最後に私があやまらされて、けんかはいちおうおさまる。相手はまだ、それでも怒りがおさまりきれず、物にあたり散らして、ふて寝をしてしまう。

問八a・自分の結末感情

その後、暴力をふるわれた体の痛みと、傷つけられた心の痛み、あやまらされたくやしさに、最大の不快感、みじめさ、自己嫌悪、後悔を感じて落ちこんでしまう。

問八bへの回答・相手の結末感情の想定

おそらく、私から冷たく扱われたくやしさ、私に暴力をふるった後悔と自己嫌悪であろう。こう書いてみると、私と同じ感情ではないかと、驚きを感じる。

問四への回答・相手に送るかくれたメッセージ

表面では夫に対して、「自慢話や実家の話、会社のぐちなど、不愉快な話は聞きたくない」と言いながらクールにふるまう。しかし、内心では「不愉快な話をして、私をイライラさせてごらんなさい。そうしたら、あなたをもっと怒らせてあげるわ。さあ、怒りなさいよ。もっと怒りなさいよ！」と言っている。私の裏面交流は怒りの挑発である。

問六への回答・相手が私に返すかくれたメッセージ

夫はますます怒りだし、暴力をふるうのをつねとするのだから、これを翻訳すれば「よし、お前がそういう態度でくるなら、お前の望みどおり、収拾がつかないぐらい荒れてやろう！」と、裏面で反応していることになる。

〈ゲームの分析〉

私ども夫婦のやりとりを分析すると、まったくゲームそのもので、今回のレポート作成にあたり、文章にしてみて初めて理解できた。

交流分析を学んでいる間に、夫の自慢話や、実家の人たちの話を聞くのがなぜ不快だったのかをいろいろ掘り下げてみた。すると、くどくど言う父親の前でとっていた幼いころからの行動様式と似ているように思った。つんと冷静を装った態度で父をよけい怒らせ、ついにはなぐられてあやまるというパターンの反復だったのである。

ゲーム分析をすると、もやもやした薄いベールを一枚ずつはがすように、いまは自分の正体が見えてきた。父と夫は別なのである。「この頃は、ひどいけんかをしなくなったなあ」とか、「相手を、かけがえのない存在だと思えるようになってきた」と感じてはいたが、自分の内面でこのような変化が起こっていたのだと、このレポートを書くにあたり文章にしてみてはっきりとした。

〔症例四〕Y氏（四〇歳）生徒指導のゲーム

私は教師として、職業高校に勤務しています。生徒が勉強しないのはさておいて、いま私がいちばん頭を悩ませているのは、服装の改造問題です。本校の服装は全校共通のチュウニック・スタイルなのですが、生徒は二年生になる頃からぼちぼち改造しはじめ、三年生になると半数近くがなんらかの改造を施しています。学校では生徒指導部が中心になって、この違反服の指導にあたってきましたが、いっこうに改善されません。交流分析を学んで、本校生徒に対する服装指導はまさに、集団でやるゲームではないかと感じました。これを分析してみたいと思います。

〈ゲーム・プラン〉

問一への回答・あと味の悪い結果のくり返し

朝の校門指導、全校の服装検査などを行なう。一時はめだたなくなるが、しばらくするとまた違反服が現われる。授業時間に検査をするが、生徒のパワーが強くて指導後は授業が成り立たず、生徒とまずい関係になる。違反者には保護者同伴で学校に来てもらい注意するが、これも効果のほどはきわめて疑わしい。私は昨年で生徒指導部を降りたが、あとを引きついだ人は、私にましてこのゲームに熱を入れて頑張っている。正直なところ「ご苦労さん」と言えないような気持ちになっている自分に気づく。

問二への回答・ゲームの始まり

入学すると生徒は校訓を教えられ、チュウニックを与えられて、服装を改造することは校則違反である、という説明を受ける。「君たち一年生は立派に守るが、二年生になると改造する者が出てくる。そういうことのないように……」というたぐいの注意がある。

問三への回答・次に起こること

服装改造がめだつようになる。校門前でのチェックに加えて、授業時間中に個人検査が行なわれる。違反服はなかなか減らない。生徒指導部の教師が熱心になると、人員を二、三人ふやして校外補導にも力をいれる。教員のなかには、服装ぐらいでそんなにしなくてもいいのにと陰で言う者、ふだんは何も指導せず服装検査のときだけ指導部に尻をつつかれて動く者、さらに校長が率先して指導にあたらないのが問題だと不平を言う者など、いろいろな反応があるようだ。指導する教員にも足並みを狂わせるものがある。

問五への回答・次に起こること

生徒はカバンのなかに替え服を入れたりして、巧妙な形で違反をつづける。思いあまった生徒指導部は強制手段に出て、違反服を没収する。ＰＴＡの総会や幹事会にも主任からお願いして、一年間で没収した服が軽トラック二台分になる現状を報告したりする。違反者には保護者同伴の来校をうながし、あらかじめ保護者通知を出しておくなど、職員会議を遅くまで開いて対策を検討する。しかし、いずれも期待したほどの成果はあがらない。

問七への回答・ゲームの結末
服を取り上げたら生徒は勉強に精を出すかというと、そんなことはない。取り上げても取り上げても違反する。この対応では生徒との人間関係はたいへん悪くなる。服を着ているのが生徒で、教員はそれを追いかけるのだから、教員は主導権を絶対に握れない。生徒指導部は、監視の手をゆるめて校務対策委員会なるところに持ちこむことになる。
問八aへの回答・教員が味わう結末感情
強い無力感。違反服を取り上げて生徒の顔や反応を見ているのは、気持ちのよいものではない。憂うつになり、学校に出るより出張が楽しくなる。
問八bへの回答・生徒が味わう結末感情の想定
タバコや万引きと違って罪悪感のないことはたしかであろう。おそらく、教員に対する侮蔑感ではなかろうか。あるいはTAの「警官と泥棒」のゲームに似て、追跡者である教員を翻弄《ほんろう》するスリルであろうか。なかには見つかったときに、〃ああ、惜しい〃といった無念の表情を示す生徒もいる。
問四への回答・教員が生徒に送る裏面交流
「服装違反は許さないぞ」とこまかくチェックする裏で、われわれ教員は「どこまでうまく違反できるかやってごらん」というメッセージを送っているのではなかろうか。教員の監視の眼差しは、生徒の問題を発見すると同時に、生徒の問題を生産していく。過剰な視線は、さらなる巧妙な服装違反を増加させているといえよう。これでは、らちのあかぬ〝いたちごっこ〟だ。これはテレビの映像の力かと思うが、とにかくいまの生徒のファッションに対する打ちこみようにはすごいものがある。

問六への回答・生徒が教員に送る裏面交流

「お望みどおり、いろいろな服装違反をお見せしましょう」というタイプが一つある。もう一つは「先生たちには絶対に主導権を握らせないよ」というメッセージを発している群もある。「いつの日か、先生たちをお手上げにさせ、僕らの生活をしばっている校則を大幅にゆるめさせてあげましょう。その日まではやめませんよ」というわけである。事実、生徒はかなりの金を持っているし、先輩からゆずり受けた服をたくさんストックしているのである。

〈ゲームの分析〉

これほどまでにエネルギーを使うものなら、生徒の自由にしてやり、ひきかえに勉強させる、年に数回、学校行事でファッション大会をする、生徒主体のファッション大会にたくさん賞品を与える、など自主性を育てるようにする。これも校務改革検討委員会であげられた原案的なものはできあがっている。しかし、生徒会などの不活発な状況から踏みこめないでいる。

私としては、生徒の目が服装などへいかないようにするには、まず学校自体がおもしろくなければいけないと思い、わかりやすい授業を心がけ、実験実習の数をふやすなど工夫をしている段階である。本校のゲームはすぐに終わらないが、この方法がいちばん近道のように思われる。

1 「ゲームの方程式」の見直し

前章に引き続き、ゲーム理論の変遷について述べたいと思います。今日では、ゲームとラケット行動を明確に区別する傾向にあります。ラケット行動は、自分のラケット感情に対してストロークを得ようとする交流様式(F・イングリッシュ、一九七六年)で、当事者は不快感を味わって(ラケット感情を体験して)終わる一連の裏面交流です。その過程には、バーンの方程式(図11)に記されたS(切り換え)とX(混乱)が生じないのが特徴とされています。時間の構造化の点から見るとき、それは一種の〝雑談〟(pastime)にあたります。

これに対して、ゲームはその進行過程で予想外の変化(SとX)が起こる交流様式です。バーンは、彼の初期のゲームの定義(バーン、一九六六年)を修正して、「切り換え」の段階では、カープマン三角形(図12)でいう救済者が迫害者に移行したり、相手も迫害者から犠牲者に変わったりするなど、二者間で自我状態の切り換えが行なわれると考えました。さらに「混乱」の段階では、両者がともに混乱の瞬間を体験します。

これを本稿の症例三にあてはめてみましょう。たしかに役割交換は、二人の間で加害者と犠牲者の入れ替えという形で行なわれています。しかし、混乱になるとはっきりしません。妻のKさんはおそらく「さっさとあやまって、長々としたけんかにもちこむまい」と決心したはずなのに、もめた状態を引きのばして再び夫の暴力を誘い、最後に不本意な謝罪で幕を閉じ、くやしさにひたっていま す。これは、本人にとって混乱、すなわち予想外の驚きといえましょう。しかし夫も、「妻に暴力だけはふるうまい」と前回のけんかのあとに誓った立場を守りきれず、加害者の立場へと移行し、最後に自己嫌悪をカムフラージュしてふて寝に入ったと見ることには疑問が残ります。世のなかで夫婦げんかする人には、そういうタイプもありましょう。しかし、

■図12：ドラマ三角形（Karpman,1968）

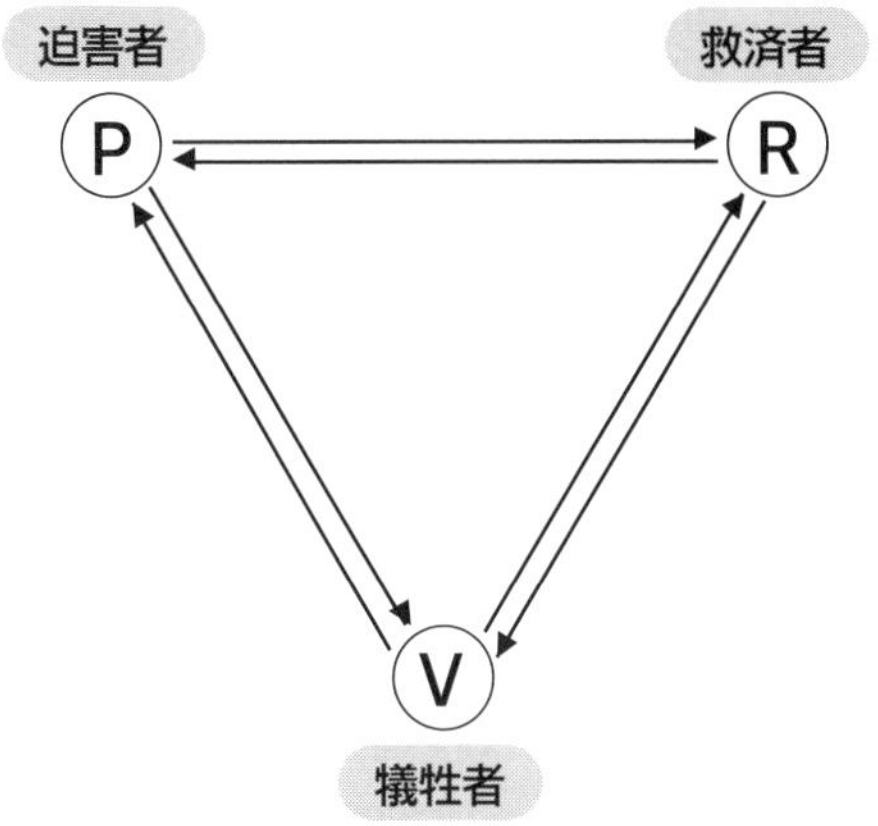

ゲームの混乱の段階では、両者がともに混乱の瞬間を味わう、という考えにあてはまらないケースも多いものと思われます。

症例四では、生徒指導部を中心とする学校側には、予想外の驚きは何度もあったが、なかばスリルを味わいながら違反をつづける生徒側には、まずそれはないといえましょう。

バーンの「ゲームの方程式」は二人の人間（あるいは二つの集団）の交流を分析、識別するために作られたものの、ここでの心理の理解には不明瞭な点が残ることになります。

2 グールディングのゲームの分析

おそらくこの点に注目したと思われるR・グールディングは160ページでも述べましたが、ゲームは二者間で演じられるものの、そのからくりはむしろ主に一人のなかの心理過程にあるとしています。ゲーム分析にあたっては、一人の精神内界の動きを重視するのです。その概要は、多くのTAの文献に記されているように、次の五つの要素から成り立ちます。（図13）

①表面に現われる交流（社会的レベル）。
②同時に発せられるかくれた交流（心理的レベル）。
③②に対する相手からの反応。

■図13：ゲームの進行過程
（Goulding & Goulding, 1979）

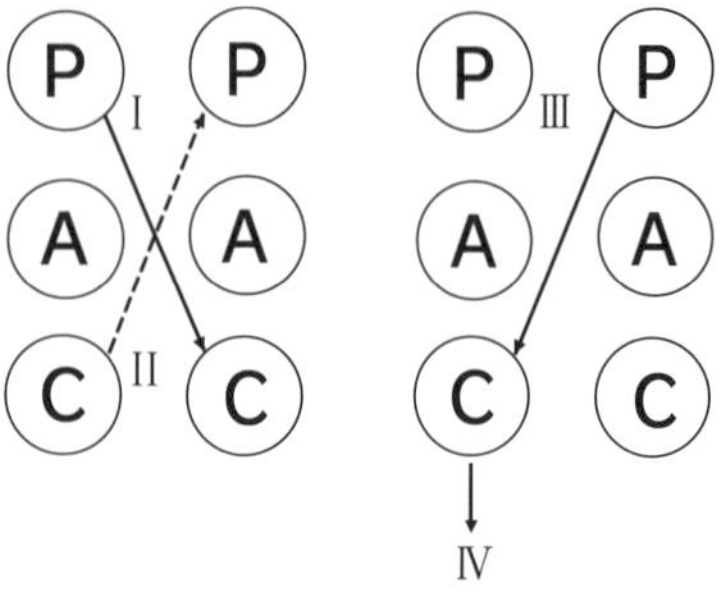

Ⅰ：表面の刺激（言葉）
Ⅱ：裏面のメッセージ（SM）
（Ⅲへの刺激）（secret message）
Ⅲ：Ⅱへの応答
Ⅳ：結末（ラケット感情）

④本人が味わう結末感情。
⑤本人は①以外のからくりに気づいていない。

オーストラリア出身のO・サマートンは、バーンとグールディングの二つの公式を比較検討し、ゲームの本体をより明確にしました。それはグールディングの精神内界での働きを重視する立場に立ち、そこにバーンの公式が働くというものです。簡単にい

●第4章：こじれる人間関係のからくり

■図14：精神内界におけるゲームのプロセス (O.サマートン,1979)

自分 相手	自分 相手	自分 相手	自分 相手
Ⓟ C Ⓟ	Ⓟ Ⓟ	Ⓟ Ⓟ	Ⓟ Ⓟ
Ⓐ Ⓐ	Ⓐ Ⓐ	Ⓐ Ⓐ	Ⓐ Ⓐ
Ⓒ G Ⓒ	Ⓒ R Ⓒ	Ⓒ S,X Ⓒ	Ⓒ→Ⓒ P.O
① ② →	③ →	④ ⑤ →	⑥

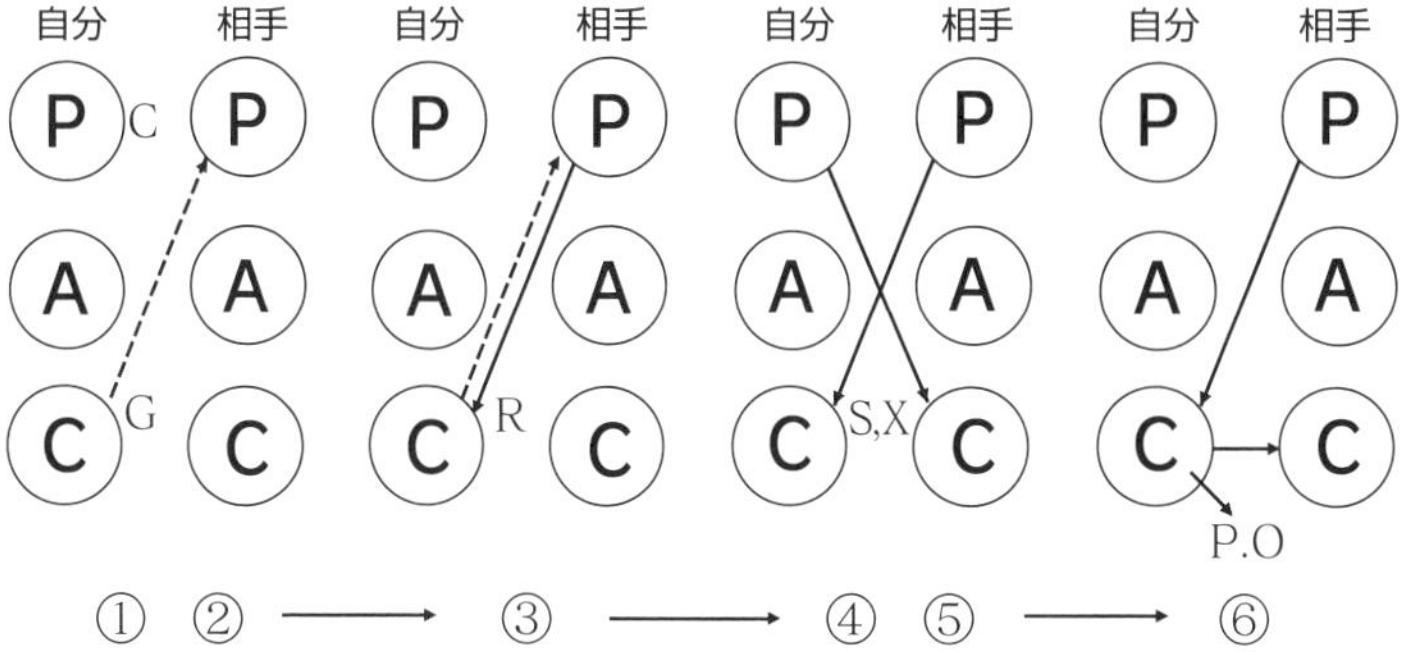

うと、バーンの「ゲームの方程式」が一人の人の心的世界で作動するという考え方です。これは、ゲーム分析にあたって、「相手を変えようとせず、自分を変える」というTAの基本的アプローチとも一致し、臨床的にたいへん役立つ考え方です。ゲームを自己分析によって理解し、それにもとづいて自己コントロールする方法を講じる道につながるといってよいでしょう。

バーンの「ゲームの方程式」をゲームの自己分析に応用すると、左記のように、それぞれの記号の意味が異なり、ゲームの進行状況も変化していきます。（図14）

① C……相手に差し出す餌。これは表と裏、社会的レベルと心理レベルの両面が含まれる。
② G……相手が餌に食いつくだろうという想定（直感）。
③ R……ゲームの成立と進行。
④ S……Cの表面的（社会的）交流に対して予想外の反応が起こること。そのとき、当人は心のなかで驚きの言葉を発する。

⑤X……交流が交差するのを体験して混乱すること。このときもゲームの真実性を示唆するような言葉が浮かぶ。

⑥P・O……ゲームの結果で、当人が味わう不快な感情。この不快感に対して、幼時にストロークを得たことがある。

そこで、グールディングとサマートンの考え方をもとに、「ゲームの方程式」と「ゲーム・プラン」との関連を見ると、次のようになります。

【ゲームの前半のあなたの精神内界の動き】

C＋G＝R……ゲーム・プラン問一、二、三、四、秘密の質問aから、あなたのゲームのかくれた動機を知る。

【ゲームの後半のあなたの精神内界の動き】

S→X→P・O……ゲーム・プラン問五、六、五、八、秘密の質問bから、かくれた動機に対する相手の反応に接し、あなたは頭をかしげて驚く。

読者のみなさんには、これをもとにもう一度症例を読んでいただければ幸いです。

3 心身医学的療法とゲーム・プラン

今回紹介したゲーム・プランは、患者さんがゲームをやめる過程で自分の感情、思考、想像、信念、さらにはそれらの変化を観察するように援助するものです。これは自分の演じるゲームを認知の問題としてとらえていると見ることができます。

症例四ではまだ集団行動の変容には至っていませんが、症例三では望ましい行動が認知の変容によって影響を受けております。ＴＡは精神分析の伝統にそう療法として発展し、今日、再びそこに戻る動きもあるように聞いておりますが、心身医学的療法の立場からすると、近年有効性が認められつつある認知療法、とくに認知行動療法のアプローチと共通するところも少なくありません。個人の心理過程や他人との交流に含まれる建設的肯定的な部分を重視して、主体的、積極的な自己コントロールをはかるＴＡは、今日の精神療法の動向と歩みをともにしているといえましょう。

Ⅲ ゲームとカープマン三角形――役割の〝切り換え〟

バーンによると、ゲームの最終的な定義は「切り換え」と「混乱」をゲームの本質的な特徴としています。彼は〝劇場におけると同じように、人生のドラマの本質は、ゲームを演じる各人がカープマン三角形（図12）の三つの役割をつぎつぎと変える（switch）ことにある〟と述べています。

今回は、役割の「切り換え」を中心にゲームを考察し、またゲームのやめ方についても少しふれてみたいと思います。

〔症例五〕Yさん（三八歳）夫へ依頼するゲーム

Yさん　私の問題は、夫にものをうまく頼めないことなのです。交流分析を学んでいるうちにゲームじゃないか、と思うようになりました。

治療者　どんなふうに始まるのですか？

Yさん　ついこの間のやりとりをお話しします。

治療者　では、二人の会話のようにお話しください。

Yさん〔本人〕あなた、この荷物を二階へ持っていってほしいんだけど……。私にはちょっと重すぎるの。

〔夫〕そこに置いておけよ。このテレビを見終わったらしてやるから。

Yさん　私はそれでやめておけばいいのに、また仕掛けるのです。

〔本人〕いつでもいいんだけど、早いほうがいいわ。

〔夫〕わかった。これが終わったらするよ。

治療者　次に何が起こるのですか？

Yさん　ここで私はさらに、かなりしつこく仕掛けるのです。

〔本人〕早くしてよ！　お姑さんがもうすぐ戻ってくるから。まだやってないのを見られると小言を言われそうだから。

治療者　なるほど。ご主人の反応は？

Yさん　夫はテレビを消して立ち上がるのですが、「その前に一服……」と言ってお茶を飲みはじめるのです。そこで私が「じゃあ、お願いね」と言ってちょっと待てばいいのに、言わなくてもいいことを言ってしまうのです。

治療者　交流に「切り換え」が起こるのですね。

Yさん　そうなんです。

〔**本人**〕「早くして！」と言っているのに、また、お茶なんか飲んだりして……。ホラホラ、また飲みっぱなしにしておく。誰が片づけるの？　私の仕事がふえるでしょう。本当に、もう。

〔**夫**〕おいおい、いいじゃないか。湯飲みはおれが片づけるから。そうヒステリックになるなよ。

〔**本人**〕ヒステリックにさせるのは、あなたでしょう。あなたはそれでいいでしょう。何も言われなくてすむんだから。私の身にもなってよ。お姑さんにブツブツ文句言われるのは私なのよ。なんで私ばかりが、こうイヤな思いばかりしなくちゃいけないの？　朝から晩まで休むひまもなく働いて小言を言われて……。あなたなんか一日中、寝ころがってテレビを見ていてもなんとも言われやしない。だいたいあなたがこういうふうだから、息子たちもあんなにだらしがないのよ！

〔夫〕……。（腹立たしさを顔に表わしているが、何も言わないのです）

治療者　この調子で進むのですね。最後にどうなるのですか？

Yさん　文字どおり、混乱が起こるのです。

〔本人〕　もういいわ！　あなたなんかに二度と頼まない！

〔夫〕　勝手にしろ！

だいたいこういう形で終わり、夫は外に出て行ってしまうのです。そして、その晩、なかなか帰宅しない夫を待ちながら、「ああ、またやってしまった」という不快感にかられます。同時に、少し冷静な気分で後悔し、自分の行為を反省するのです。

治療者　Yさん、ありがとうございました。みなさんも、よく状況がわかりましたね。では、しばらくごいっしょに考えましょう。これはどんなゲームなのでしょう？　ご自由に質問なり、発言なりしてください。

D氏　これは「あなたのせいで、こんなになったんだ！」のゲームじゃないでしょうか。じつは、私の家内も同じように仕掛けてくるのです。家内はいつも自己弁護して、私に罪悪感を抱かせるのです。

Yさん　たしかに私は夫を責めますが、でも夫は罪悪感なんか感じる人ではありません。いっそ罪悪感をもってくれたらうれしいんですけど……。夫はいつも怒って出て行くのです。私が怒って、追い出しているみたいかな……。

Kさん　じゃ、Yさんは、最後にどんな気持ちになるの？

Yさん　後悔じゃないかしら。夫を怒らせなければよかったと。

Hさん　途中でご主人を責めているけれど、最後には自分を責めているんじゃないでしょうか？　私もよく似たことをしていたのでよくわかります。私の場合、終わったときに自己嫌悪感を味わうのです。

Yさん　そう、私にもそれはある。

Sさん　私には、このゲームの裏にはお姑さんが関係しているように思えるのよ。カープマン三角形でいうと、Yさんは「犠牲者」の役割を演じているのじゃなくて？

T氏　私も、Yさんがご主人に不満をぶちまけているとき、そんな印象をもちました。これは「かわいそうな私」のゲームではないのですか？

Yさん　じゃ、私は二つのゲームをいっしょに演じているのかしら？

Rさん　いや、私はそうじゃないと思うわ。ゲームは、カープマン三角形をぐるぐる回るんでしょう。加害者になったり、犠牲者になったりして……。

Yさん　ええ、たしかに私は姑ともゲームを演じているかもしれないけど、きょうの問題は夫とのやりとりを、なんとかしたいのです。いままでみなさんのお話を聞いていて、私はたしかに夫に対して加害者になって非難したり、最後にみじめな犠牲者になったりしているのがわかりました。

D氏　でも、救済者にはなっていないでしょう？

Sさん　そうそう、よくゲーム分析では三つの役割が入れ替わるというけど、Yさんの場合、救済者は演じていませんよね？

Yさん　さあ、わからない。

Hさん　演じていますわ。私もまさかと思っていたのですが、自分が主人と言い争うとき、救済者をやっていると気づいたのです。主人に「こうしたら？」とか「ああしたら？」とか、やるべきことをあれこれ言うのは救済者じゃない？

Yさん　ああ、それを救済者というの？　私、やってる、やってる。そして夫がそのとおりにしてくれないと、今度は加害者に役替えして責めるのよ。やっぱり、私、三つとも演じているわ。

Hさん　そして、最後に落ち着くところは自己嫌悪の犠牲者でしょう。私もまったく同じ。

治療者　とってもいいディスカッションでした。ゲームの公式のSの部分がはっきりしましたね。また、結末で味わう感情（ラケット感情）についても、ご本人が自己嫌悪とおっしゃるのですから、これは犠牲者の立場から演じているゲームと考えていいのじゃないでしょうか？

　では、ここで話し合いのテーマを次に進めましょう。ゲームはストロークを得るために演じるといわれますが、この点はどうでしょう。また、しばらくみなさんで話し合ってみてください。

Yさん　お恥ずかしいことですが、私はゲームの終わりで、いつも欲しいストロークを自分から断ってしまうのです。すると夫は、決まり文句の「勝手にしろ！」を私にぶっつけて、外に出るのです。私っていつもこうなんです。もう何回やったことか……。

Sさん　私も同じ。主人がよく言うんですよ。「お前は自己破壊的だよ。ひねくれてる」って。

D氏　男というものは、女房がすねたりひねくれたりすると、「勝手にしろ！」って言いたくなるものですよ。もうちょっと、やさしく「お願いしますね」と下手に出てくれれば、「よし、よし」とホイホイやるんですがねえ。

Rさん　本当にゲームって、マイナスのストロークの交換なんですわね。

Yさん　Dさんにおうかがいしますわ。あなたが私の夫だとしたら、どうすればこんなゲームを避けられます？

D氏　いや、そう言われると、自分もゲームばかり演じているからアドバイスなんかできませんが……。一つ言えることは、ご主人に好きなテレビは終わりまで見せてあげたらいいんじゃないでしょうか？　それはご主人にとってプラスのストロークになりませんか？

Yさん　うーん、それはそうなんですが、一時間もかかる長い番組はちょっと……。私ってせっかちなんで……。

D氏　というのは、どうしても自分のストロークを先に満たしてほしい？

Yさん　ええ、「じゃ、お願いね」と言えないのです。私って、どうして欲しいストロークをもらわないいんでしょう？　すぐにせきたてて、夫にイチャモンをつけてしまうのです。

Rさん　イチャモンて、どんな？

Yさん　Sさんがお姑さんが関係しているんではと言われたけど、そうなの。夫はマザコン的なところがあるでしょう。だからさっきのように、最後にはどうしても「あんたがこうだから……ろくでなし！」みたいな批判を言ってしまうのです。

D氏　ろくでなし亭主と言われれば、たいていの男は奥さんをなぐるか、外に出るかしますよ。

Yさん　うーん、どうすれば、あの人からプラスのストロークを取れるのかしら……？　やっぱり、私のほうが意地悪するのをやめなくちゃ、だめですね。

治療者　ご苦労さんでした。ゲームは一方がプレーしないと決断すればやめられるのです。Yさん、ゲームをやめる決心がつきましたか？

Yさん　はい、やめます。

治療者　では、みなさん、ゲームのやめ方を思いだして、Yさんに具体的なアドバイスを一つずつしてあげてください。

D氏　「じゃ、お願いね」と言って、さっさとそこからいなくなるか、黙ってほかの仕事をする。

Rさん　お茶を先に持っていって、やさしく頼んだら？

Sさん　ご主人に対して加害者になるのをやめることは、どう？

T氏　それよりも、基本的には今後犠牲者の役を演じないと決心しなくちゃ。

Hさん　そうそう。ということは自己嫌悪のラケット感情を捨てること。

Sさん　もう一つ。お姑さんに対する感情を健全な形で表現するのは？

Kさん　日頃から、ご主人にたくさんプラスのストロークを与えておいたら、ご主人もすぐにＹさんの頼みに応じてくれるんじゃないかしら？

治療者　いろいろとやめる方法が出ました。なかには、子ども時代の決断を調べてワークが必要なものもありますね。いつも申しますように、このグループでは、来週あるいは次回にやってみようというのではなく、「きょう、ここでやる」という取り決めでしたね。Ｙさん、どれを実行しようと決めましたか？

Yさん　みなさん、アドバイスをいろいろありがとうございました。私のいちばんやりたいのは、「じゃ、お願いね」と言うことです。

治療者　では、どうぞその椅子をご主人と想像して、そう言ってみましょう。

Yさん　じゃ、あなたお願いね。

治療者　そして、どんな気持ちになる予定？

Yさん　というと？

治療者　いちばん言いたいことを言ったんですから、いつものあなたに勝ったのですよ。どんな気持ち？

Yさん　いい気持ちです。

治療者　そう、「勝った」と宣言して、いい気持ちになって、キッチンでも自分の部屋でもいいからそちらへ行ってしまいましょう。どうぞ。

Yさん　じゃ、あなたお願いね。（自分に対して）よくできたわ。さあ行きましょう。（自分の部屋で）よく言ったわ。よく言ったわ。こう言いたかったの。うーん、いい気持ち。

治療者　その勝利感をよく味わってください。これで、あなたはカープマン三角形のどの役割もとらないですんでいるのです。いかがですか？

Yさん　なんだか簡単すぎて……。

治療者　ゲームをやめるのですか、つづけるのですか？

Yさん　やめたいのです。

治療者　やめたいだけですか、やめるのですか？

Yさん　やめます。

治療者　では、ここでご主人に言った言葉を、お家でも言うのです。ここでやるだけでなく、お家でもやるのです。

Yさん　家でもやって、このいい気持ちを味わいます。

治療者　はい、Yさん、お疲れさまでした。きょうはここまでにしましょう。

1 ゲームの経過

本症例では、本人がゲームに気づいているので、即座にやめて、勝ったと自分に宣言して打ち切る方法を紹介しました。本人はその後、似たような場面で「切り換え」に入らずに夫にうまく頼めたと報告しています。本症例は、交流分析でいう第一度のゲームであるので、即座にやめていい気分を味わうのがいちばんいい方法なのです。しかし、「ラポ」のように社会的に受け入れがたい第二度のタイプのゲームは、「いい気持ちになってはならない」という早期決断を無効にするためのワークが必要になります。（用語解説278ページ参照）

2 三つの役割を中心にしたゲームの分類

S・カープマンは、自らすすんで「犠牲者」になる人がいなければゲームは成立しないとし、「犠牲者」の立場を中心にゲームを考えています。また、A・ワグナーも、ゲームに参加する人は誰でも、最後は「犠牲者」になる可能性があると述べています。彼は家庭や職場で演じられるほとんどのゲームは、「さあ、つかまえたぞ！」と、それを補う「私をいじめて」の変形であるといいます。筆者も、これはゲームの教育にあたって役立つ視点だと思います。

同時に、ゲームの進行にともない役割がシフトするうちに、特定の基本的構えとラケット感情が明らかになるタイプも数多いのです。D・ジョングワードはこの点に注目し、ゲームを以下の四つのグループに分類しています。彼女はこれを固定した分類とせず、あくまでも臨床へのガイドとして活用するのがよいといっております。ゲームの詳細は用語解説の271ページからを参照してください。

【犠牲者のゲーム】

ふつう、「私はOKではない」の立場を強化し、不適格感と抑うつ感情を味わいます。

「キック・ミー」

「義足（精神異常の申し立て）」

「苦労性」

「弁当持ち（倹約癖の管理職）」

「なぜ私がこんな目にあわねばならないのか」

「かわいそうな私（みじめ好み）」

「ひどいじゃありませんか」

「シュレミール（何をしても許して）」

「こんなに私が無理しているのに」

「おろか者（道化役）」

【他罰のゲーム】

本来ゲームは「私はＯＫではない」の立場なのに、これを「他人はＯＫではない」と投影するタイプ。潔癖感あるいは自己の正当化に固執し、しばしば恐怖の防衛が見られます。

「あなたがそんなふうでなかったら」

「あなたのせいでこんなになったんだ」

【加害者のゲーム】

「他人はＯＫではない」の立場を強化します。ラケット感情としては怒りが圧倒的に多く、潔癖感も見られます。以下のゲームを含みます。

「あら探し」

「追いつめ」

「さあ、つかまえたぞ」

「ラポ」

「あなたと彼を戦わせよう（仲間割れ）」

「はい、でも」

「あれだけ言ったじゃないか」

「後悔させる法」

「大騒ぎ」

「どうしてお前はいつもそうなんだ」

「僕のほうが君のよりいいだろう」

「軽蔑」

「精神医学（治療者めぐり）」


【救済者のゲーム】


「他人はOKではない」の立場を強化するゲームで潔白感を味わいます。主に次の二つです。

「あなたをなんとかしてあげたいと思っているだけなんだ」

「私にやらせてくれないか」

3 三つの役割の行動様式

最後に、個人の心理過程と基本的構えの面から、三つの役割それぞれの行動様式を整理しておきましょう。

●「加害者」の役割

この役割は人生において排他的な態度でのぞむ人がとりやすいものです。この役割を好む人は、意見が異なったりけんかしたりすると、最後まで戦おうとします。基本的構えは「私はOK、他人はOKではない」の立場を最大限に強化するので、人間関係を分裂させるような有害な行動をとりやすいといえましょう。

●「救済者」の役割

この役割を演じる人は、けんかや争いから逃げたり、それを避けようとする態度をとるのがふつうです。トラブルから身を守りたいのです。基本的構えとしては「私はＯＫではないが、他人はＯＫである」の姿勢を強化します。このタイプは、一見世話好きのように人の目にうつるので、自己否定、他者肯定の人とは考えにくいのですが、長くつきあうと実体がはっきりしてきます。彼（彼女）は、他者はみな自分より優れていると思っており、「あなたはよくやってくれる人ね」などと認められると、初めて「人があぁ言うんだから、自分もＯＫかもしれないな」と感じるのです。

●「犠牲者」の役割

この役割を演じる人は、「私は何をやってもうまくゆかない」「どうせ人はみな本気になって私のことなんか考えてくれないのだ」と考えやすく、人生に行きづまりやすいタイプです。自分でどうしたらいいいか、いつも困っている人です。ゲームに見られる三つの役割のなかでもっとも強力で、いちばん多く演じられる役割でもあります。自律、自助にチャレンジすることに消極的で、人に援助の手を差しのべることにも、うとい人です。

長い間、ＴＡのグループ研修をしている間に、「ゲームを避けるよい方法は、カープマン三角形の三つの役割のどれも演じないようにすることだと習ったが、それが実際にどういうふうに現われてくるのかわからない」という疑問がしばしば出されました。筆者にも不明な点がいくつかありました。この章が少しでも読者のみなさんの概念の整理に役立てば幸いです。

第五章

人生脚本の分析

I

「三つ子の魂百までも」は正しいか？——人生脚本と幼時の決断

本章では脚本分析を取り上げます。人は、さまざまな行動のなかから、なぜある特有の対人関係の様式を選ぶのでしょう。性格形成に関するこの種の問いに答えるのに、E・バーンは「脚本」(script) という概念を導入し、それを「無意識の人生計画」と呼びました。以下、少し長い引用になりますが、彼は脚本を次のように定義し、説明しています。

〝脚本は、子ども時代の早期に親の影響のもとで発達し、現在も進行中の一つのプログラムをいい、個人の人生のもっとも重要な面で、その行動を指図するものである。(略)……ほとんどすべての人間のプログラムは、したがって自律性という感覚は、子ども時代の早期に始まり、現在なお進行中の脚本から成り立っている。したがって自律性という感覚は、ほとんど錯覚であることが多い。そして、その錯覚は、人類の最古の苦悩を意味するものである。なぜなら、ごく少数の人たちだけが、その発育の過程で真の自己認識、誠実、創造性、他人との親密性などを身につけることができるからである。

残りの人たちにとって、他者は自分が操作すべき対象とみなされることになる。他人はドラマの主人公の役割を強化し、そのために必要な、それぞれの役割を演ずるように要望され、説得され、そそのかされ、買収され、強制され、そのようにしてその脚本はつつがなく運ぶのである。しかし、自分の役割を演じることに没頭している間に、現実の世界から遊離し、そのなかにおける自分の本来の可能性を発揮できなくなるのである。〟

このように、脚本は人生の早期の決断や、幼児期に子どもが演じた役割に関連しています。

筆者は、若い看護婦を対象としたセミナーで、八人前後の小グループで人生脚本について自由な話し合いを長年行なってきました。紹介する症例は、こうしたグループのなかで次の二つのテーマを話し合った際に、ワークにまで発展したケースです。

○私は何歳まで生きたいか？　あるいは生きるつもりか？

○私は結婚するか？　するとしたらどんな結婚になるか？　離婚するかしないか？

〔症例一〕Dさん（二六歳）「私は不幸な人生を送って五二歳で死ぬ」

治療者　Kさんたちのグループでは、どんな話し合いになりましたか？

Kさん　うちのグループのDさんは、「私は五二歳で死ぬと思う。しかし、とくに体に悪いところはない。結婚もしない。もし結婚を申しこまれても、断るつもりだと言うのです。グループでは、Dさんが冗談を言っているのではないかと何度もたしかめたのですが、彼女は大まじめで「自分の人生はそういう形で展開するのです」と主張するのです。

治療者　Dさん、ご両親の関係は？

Dさん　夫婦不和でした。

治療者　グループのみなさんがあなたのことを心配なさっているのですが、ワークをなさいますか？

Dさん　はい。

治療者　五二歳でお亡くなりになる予定だということですが、その可能性は何パーセントくらいありますか？

Dさん　九〇パーセント以上です。

治療者　どんな形で？　病気で、それとも……。

Dさん　事故だと思います。

治療者　自動車事故ですか？

Dさん　はい、たぶん。

（グループはみな驚いている）

治療者　わかりました。でも、あなたのグループのみなさんは、そんなことを望んでいないことを知っておいてくださいね。では、今回は結婚に関する主張のほうを取り上げましょう。いいですか？

Dさん　はい。

治療者　少し原因を探ってみましょう。椅子を三つ出してください。（グループのメンバーが用意する）Dさん、これはあなたのお父さんとお母さん、それにあなたの三人の椅子です。お家の人間関係を椅子で表わしてくださいませんか？　ご両親が不和だとおっしゃったけれど、どんな配置になりますか？

（図15のように、父親と母親が遠く離れた形に椅子を置く。本人の椅子は、両親と対面した三角形の一点に置く）

治療者　ありがとうございました。お家の人間関係がよくわかります。では、「お父さん、話があるの」とお父さんの椅子に話しかけてください。

Dさん　……。（言葉が出ない）

治療者　少し、お父さんに近づけてみて。……あなたの椅子をお父さんのほうに近づけてみてください。

Dさん　（激しく泣きだす。しばらく泣いたあとに）……やめたい。

治療者　とてもつらいのですね。いいですよ。（椅子をもう一脚用意する）では、あ

■図15：あき椅子によるワーク

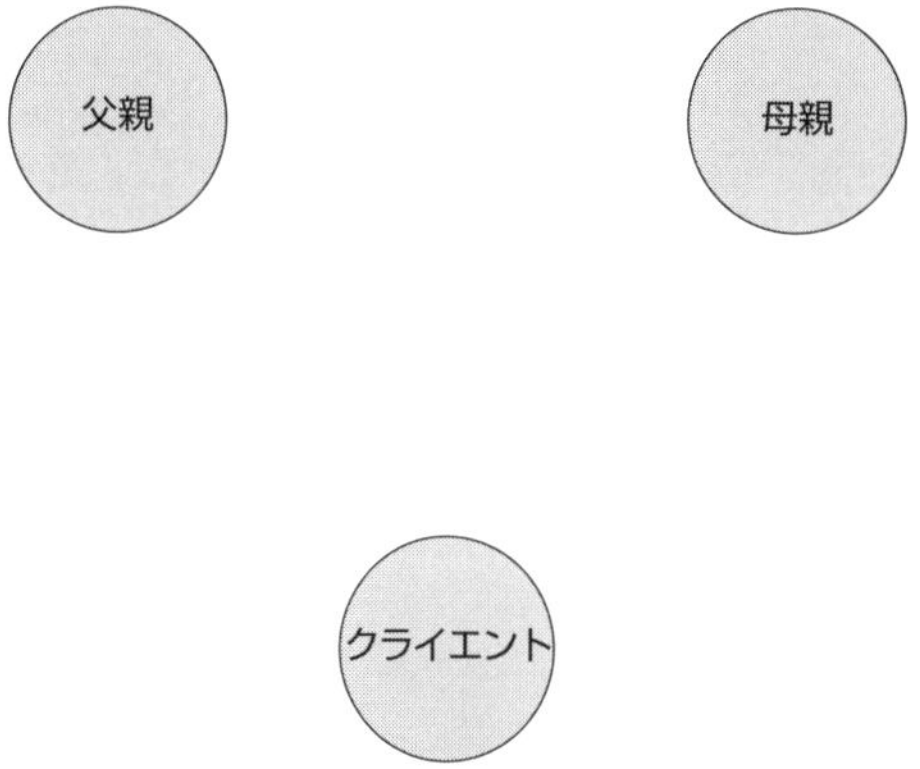

クライエントが自由に置いた椅子の配置から、両親が距離の大きい反目した関係にあることがわかる。クライエントは両親の外にいて、一人で案じている。

なたはここに座って静かに見ててください。(グループに向かって)誰かかわりになってみたいかたがおられますか? Dさんになってみてもいいかた?

Kさん 私がやります。

治療者 それではお願いしましょう。Kさん、その椅子から、お父さんに話しかけてください。最初は私のあとについて言ってください。〝お父さん、私、話があるの。私は結婚しないで、一人で暮らすことに決めたの。それに五二歳で死ぬことも本気で考えています〟

Kさん〔Dさん〕 お父さん、私、話があるの。(以下、治療者の言葉をくり返す)

治療者 お父さんの椅子から返事をしてあげてください。

Kさん お父さんはびっくりした顔をしていますが、黙っています。

治療者 そこに座るとお父さんが出てくるのです。お父さんになって答えてあげてください。

〝D子、びっくりさせるなよ〟

Kさん〔父〕 D子、おれをびっくりさせるなよ。

治療者 〝お父さん、私、いま言ったように不幸な人生を送る予定なんです〟

Kさん〔Dさん〕 お父さん、私、いま言ったように不幸な人生を送る予定なんです。

〔父〕おれはどうしていいかわからないよ。

治療者 お母さんに対しても、同じことを言ってください。

Kさん〔Dさん〕 お母さん、私、いま言ったように、不幸な人生を送る予定なんです。

〔母〕 D子、あなただけには幸福になってほしい！

治療者 〃いいえ、私はあなたの不幸を見て、不幸になる決心をしたのです。結婚はしません。早く死にます〃

Kさん〔Dさん〕 いいえ、私はあなたの不幸を見て、不幸になる決心をしたのです。結婚はしません。早く死にます。

〔母〕 D子、そんなことしちゃダメ。あなただけには幸福になってほしいの。

治療者 もう一度、お父さんに話しかけて。

Kさん〔Dさん〕 お父さん、私、話があるのよ。私は結婚しないで、一人で暮らすことに決めたの。五二歳で死ぬことも本気で考えているのよ。

〔父〕 お前に幸福になってほしい。

治療者 Dさん、どうですか？　お父さんも、お母さんも、あなたが幸福になっていいという許可を与えているのですよ。それでも不幸になる予定ですか？

Dさん ……私も幸福になりたい。

治療者 Kさん、ご苦労さまでした。Dさんのご両親になってみて、どんな感じでしたか？

Kさん Dさんのご両親は二人とも、あなたに幸福な人生を送ってほしいって、本気で思っているわ。やってみるとよくわかる。

治療者 Dさん、ご両親と短いワークをやってみる気がありますか？

Dさん　はい、やってみます。

治療者　では、ここですぐやりましょう。ご両親の椅子を二つそろえて並べましょう。

（遠く離れた二つの椅子を図16のように並べる）

お二人に向かって、こう言ってください。〝お父さん、お母さん、私が結婚しないで不幸な人生を送れば、あなたがたはけんかをやめるでしょう〟

Dさん　お父さん、お母さん、私が結婚しないで不幸な人生を送れば、あなたがたはけんかをやめるでしょう？（両親の椅子に向かって言う）

■図16：あき椅子による対決

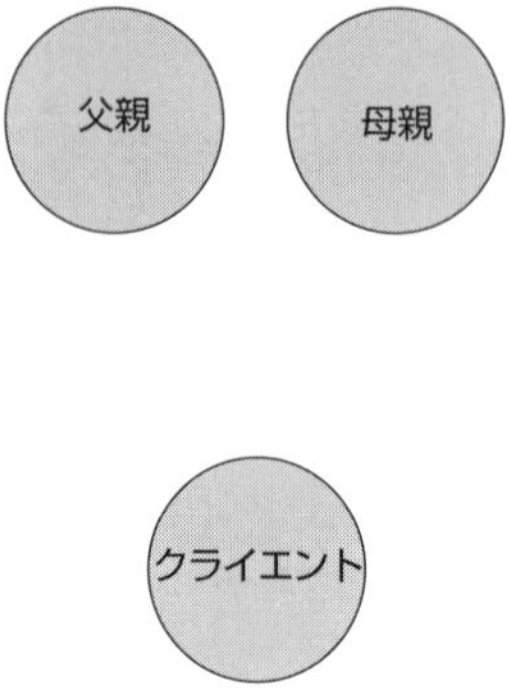

クライエントと両親とを対面法によって、直接対話させる。

治療者　ご両親はなんと答えますか？

Dさん〔両親〕　そんなことはない。

〔父〕　わしらのけんかはお前には関係がないんだ。

〔母〕　そうよ、関係ないのよ。

治療者　これを聞いて、どんな気持ち？

Dさん　二人は勝手にけんかしているんだと思います。

治療者　そうらしいですね。それはそうとご両親は別居しましたか？　離婚しましたか？

Dさん　いいえ、別居も離婚もしていません。この頃は二人でけっこう仲よく暮らしています。（笑う）

治療者　そうですか。どんな気持ち？

Dさん　なんだかバカバカしい感じ。私のほうで一人相撲をとっていたわけですね。

治療者　多くの子どもたちは、両親のけんかを自分の存在の危機と受け取って、生きるためにあなたのような決断をするのです。

Dさん　だんだんわかってきました。

治療者　では、これまでのワークをまとめる意味で、次のように言ってください。〝お父さん、お母さん、私が不幸になるのは、あなたがたのせいではありません。私が自分で選ぶのです〟

Dさん　お父さん、お母さん、私が不幸になるのは、あなたがたのせいなんかではありません。私が選んでいるのです。

治療者　今度は、自分によく言い聞かせるように言ってください。

Dさん　（くり返しゆっくり言う）

治療者　私たちはみな、親の結婚から影響を受けていることはたしかです。Dさんも、きょうまでマイナスの影響を受けてこられました。しかし、誰でも自分の生き方に関して次の三つの選択肢があるのです。（ここで、次のことを黒板に書く）

一、私は、両親のように不幸になります。

二、私は、両親に関係なく不幸になります。

三、私は、両親に関係なく幸福になります。

Dさん、これを読んでくださいませんか？

（Dさん読む）

治療者　どうですか？　大きさでいうと、それぞれの大きさはどのくらいになりますか？

Dさん　三つとも同じ大きさです。直径一五センチの丸い玉といった感じ。

治療者　そうですか。そのなかから、あなたは選べるのです。いまここに、あなたのお友だちが何人もいます。よかったらみんなの前で一つ選んでください。

Dさん　私は両親に関係なく幸福になります。

治療者　このなかから、あなたの親しいお友だちを三人選んで、そのお友だちにあなたの決断を伝えてください。

（Dさん約四〇人の全体グループをまわって、指示どおりにする。同僚のナースのなかには、泣きながらDさんを抱きしめる人もいる）

治療者　みなさん、ありがとうございました。きょうのワークを終わりましょう。

1 脚本の背景

バーンは彼の最後の著書『あいさつのあとは、どんな話になるか』で、次のような脚本の法則(Formula S) を提唱しています。(図17)

■図17：脚本の法則（Formula S）

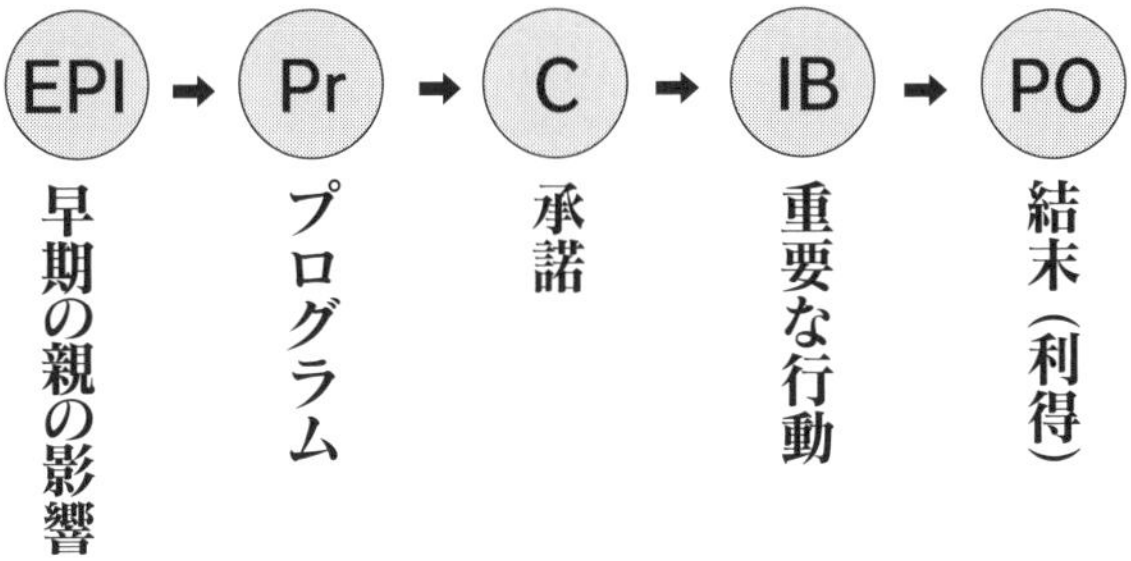

(出典　Berne, E.: What Do You Say After You Say Hello? p.419, Grove Press, 1970)

これを解説すると、まずＥＰＩ (Early Parental Influence) は一〇歳くらいまでに親または親代理人との実際の交流による影響です。ある時期に明確で観察可能な形で与えられたもので、精神分析でいう人生早期の心的外傷体験もここに含まれます。本症例の場合は、親の激しい夫婦げんかの影響がこれにあたります。

Ｐｒ (Program) プログラムで、患者が追い求める人生スタイルを意味します。これには計画の筋書き、課題、目的などが含まれます。本症例では、患者自身が「不幸な人生を送って五二歳で死ぬ」と、自分の脚本の概要をはっきり述べています。バーンは、個人が好んでいる童話、おとぎ話、神話などの筋書きに、その人の人生計画がしばしば見いだされる、といいます。

Ｃは「承諾」を意味するComplianceの略で、与えられた筋書きを演じるのを承諾することです。ここで承諾する(Comply)

というとき、個人の意志がどの程度、どのように関与するかという点で脚本の起源についての考え方が異なってきます。バーンは前述の本で、親のⒸから、子どものⒸの電極（Electrode）と呼ばれる部分（二次的構造モデルでいうP_1）（226ページ参照）にメッセージが植えこまれるという説明をしており、影響力を行使する親の側に主体があるという視点をとっています。

これに対して再決断派のグールディングらは、あくまでも子どもの主体性を重んじる立場で、子どもは親のメッセージ（禁止令）を受け入れるか拒否するかのパワーを有しており、さまざまな〝決断〟を行なうと考えます。本症例もこの考えにもとづいて、ワークが行なわれています。しかし、交流分析（ＴＡ）で〝決断〟というとき、われわれが日常用いる意味とは異なる面を含みます。この点はあとで検討いたしましょう。

ＩＢ（Important Behavior）は直訳すれば「重要なふるまい」で、人生の重要な局面における行動を意味し、ライフサイクルのなかでその年代に特有の課題に遭遇した際に現われます。たとえば進路の選択、職業への適応、結婚、育児、退職、配偶者の死、本人の死に方などが含まれます。本症例のＤ子さんは初老期に危機（自分の死）を予期しています。

ＰＯ（Pay off）は利得、報酬という意味で、脚本の場合、個人が人生の終わりにそのニーズをどう満たすかということです。したがって、人生プランの終わりにむかえる結末といえましょう。たとえば、〝仕事中毒〟的な生き方がもたらす過労死、事故による突然の死、家族から見捨てられた孤独な人生などがその例です。本症例では、「何歳まで生きるか？」といった脚本の結

末を探る基本的な質問をすることからワークを始めています。このほかに

●あなたは、幼い頃、自分の人生をどう生きようと考えましたか？
●あなたは、どんな形で生涯を終えようと決めていますか？

といったたぐいの質問を提示することも有効です。

幼少時の親子の望ましくない交流（例、拒絶、虐待など）を、子どもがどう認知したかは、成人してからの人生でどんな結末をむかえるかを決めるカギとなります。

2 グループにおける対決のワーク

お気づきのように本症例では、クライエントがサポートされていると感じる集団のなかで、あき椅子を用いて、親子間の直接的やりとりを行ない、それを保つようにします。そうした意味で、この種の治療はほとんど意識レベルで行なわれます。直接的な意識レベルでワークをするときは、患者さんの脚本信条を現実と直面させることが当然の帰結となります。この点、従来の精神分析的なアプローチからは異論があるかもしれません。問題の発生源となっている経験のレベルでワークすることは、精神分析と考えをともにはしますが、早期決断は圧倒的に無意識レベルで行なわれる場合が多いからです。筆者も、後述するように、早期決断は意識、無意識の両方のレベルで行なわれるものがあると思います。

しかし、自我心理学の立場から見るとき、多くの人びとが自分の感情をコントロールする力を

有することに気づくことも、また事実です。TAの目的の一つである「自律性」のなかには、感情の自律性が含まれます。自分の感情に責任をもつという姿勢を積極的にとることは、その人の利益になると考え、その気づきをうながすための背景、環境（支持グループ）を整えるのです。

3 決断について

脚本分析では、個人の脚本はその人が子ども時代に親から受け取ったメッセージ（禁止令）とそれに対する決断から発生したものと考えます。とくにグールディングの再決断派の治療者たちは〝意識の上にあるマインドのもつパワー〟を強調し、無意識を重視する立場からたもとを分かったといってよいでしょう。

しかし多くの心理療法家にとって、この点はさらに議論の余地が残るのではないでしょうか？はたして人生早期の思考や行動の選択は、すべて意識の上で行なわれるのでしょうか？幼児が意識レベル外で行なった態度決定を〝決断〟という言葉で表現することは、適切でしょうか？コミニュケーションはもっと多岐レベルの意味あいを含むのではないか？感情はすべて完全に意識（意志）の統制の下にあるのでしょうか？こうした数多くの疑問が生じてきます。

心理学的に見るとき、これら二つの理論の相違は、学習に対する基本的立場の違いから説明できるものと思います。

バーンはどちらかというと、刺激と反応の連合、つまり条件づけによって学習が行なわれるという連合説に立っています。これに対して、グールディング派は認知説の強い信奉者です。認知説は、人が環境に働きかけてそれを制御し、有意義な変化をもたらす能動的な存在であるとします。この説では、各人が環境からの変化をどう受けとめるかということがもっとも重要です。脚本の決定には、個人の認知、思考、感情が決定的な役割を演じるというわけです。

いずれの立場をとるかは、治療者各自の自由であると思いますが、以下、いくつかの文献をご紹介し、脚本分析に対して読者が考え方を選択するうえでの参考に供したいと思います。

M・ジェイムとD・ジョングウォードは、バーンの考え方にそって、子どもは八歳以前に自分についての価値概念を形成し、同時に他者についての価値判断をもつようになるといいます。子どもはさまざまな経験を結晶させ、意味を判断し、そのなかにある役割をどう演じるかを決定する、こうした時期が子どもの決断の時期であるというのです。

精神科医R・ドライエは、基本的には幼児を心的外傷の犠牲者と見るか、また、それを克服するための創造機能を幼児が有するか、二つの視点の問題であるとし、フロイトもバーンもこれに明確な結論を示していないといいます。バーンは幼児の自我の決断機能を認めるものの、子どもの生活環境からの圧力が強大すぎて創造機能を発揮しえないという悲観論を唱えた、と述べています。

I・スチュアートは彼の二つの著書で、脚本の理論では〝決断〟という語は専門語として使われ、通常辞書に載っている意味とは違うと明記しています。子どもの脚本決断は成人が決断するときのように思慮深いものではなく、むしろ非言語的な情緒反応の形でなされるといいます。さらに彼は、幼時の決断を言語の発達を境として、⑴前期脚本決断と⑵後期脚本決断の二つに分類しています。前者が本来の脚本の源になるもので、その特徴は以下のようにまとめられます。

①主として言語化していないもので表わされる。（例・夢などに現われる象徴的意味、言葉のあや）

②具体的で魔術的な思考にもとづいて行なわれる。（例・ピアジェの具体的思考）

③全体的で大ざっぱである。

④幼児は生き残るための妥結として決断を行なう。

TAとは直接関係はありませんが、最近の乳幼児精神医学の発達はめざましく、乳幼児と養育環境の関係性の研究（R・エムディ）、乳幼児の主観的世界から発達する自己感の研究（D・スターン）など、膨大な情報が私どもの周囲に寄せられています。乳幼児精神医学の動向を見つめ、脚本の考え方を深めることも、TAの実践者には欠かせない作業だと思います。

Ⅱ 再決断療法――あなたの人生シナリオを書き換える

本章では脚本から解放される方法として、再決断療法を紹介します。この治療法の創始者であるグールディング夫妻は次のように記しています。

〝再決断療法では、クライエントは自身のなかに子どもの部分を経験し、自分らしい童心の部分をエンジョイし、そして子ども時代の束縛的で制約の大きいいろいろな決断を安心して放棄できる空想場面をつくりだす。クライエントは自分がしたいやり方でその場面に対処するのである。〟

〔症例二〕T氏（五六歳）胃潰瘍、うつ病

会社経営者T氏は入院治療のもとで、休息と薬物療法により潰瘍がよくなったが、本人の希望を認めた主治医が筆者に紹介してこられた。交流分析によって、自己理解を深め、再び発病しないようにライフスタイルを変えたいと申し出てきた。

治療者　これまで、交流分析はどのくらい学ばれましたか？
T氏　入院中に三カ月間、講義やグループに参加しました。
治療者　ワークなどはなさいましたか？
T氏　グループの話し合いに参加しましたが、個人ワークはまだやっておりません。
治療者　ほかの患者さんがワークをするのを、ごらんになったことは？
T氏　それはあります。だんだん自分もいつかやってみたいと思うようになりました。
治療者　では、ご自分の病気に心の問題――つまり感情や考え、あるいは性格や生き方が関係していることを認めますか？
T氏　はい、それはもう……。

治療者　これまで、ご自分にお気づきになったことを、なんでも話してください。

T氏　私は典型的な猛烈社員タイプでした。いや、いまでもそうかもしれません。主治医の先生からも、まじめな性格で完全主義に近いほどものごとにこだわる傾向があって、それが病気に影響していると言われました。私もそう思います。「潰瘍性格」という言葉も学びました。私はその性格にぴったりです。

治療者　はい、病気について、いろいろと勉強されましたね。Ⓟ、Ⓐ、Ⓒでいうと、ご自分をどんなタイプと思いますか?

T氏　それはもうⓅが大きいです。Ⓟの固まりだなんて、グループの人から言われました。Ⓐは平均ぐらいあると思いますが、Ⓒは小さいと思います。なにせ、仕事以外に趣味がなかったものですから。

治療者　エゴグラムはどんな形ですか?

T氏　何度描いてもW型です。これについても「エゴグラム・パターン」という解説書で読みました。自殺者が多いと書かれているので驚きましたが、あたっているなあとも思いました。しかし、この状態から抜けだすには、己れの感情を表現してよいと自分に言いきかせる必要があると書いてありましたので……。

治療者　それで?

T氏　もっと交流分析に取り組んで、自分を変えてみようと思うようになったのです。

治療者　はい、お考えがよくわかりました。それでは、Tさんはご自分のどこをどう変えたいのですか？

T氏　体のほうは主治医の先生におまかせしているので、コントロールする方法はだいぶわかりました。ただ、この憂うつな気持ちがなかなかコントロールできないのです。これをなんとかしなくてはいけないと思うのです。

治療者　なんとかしなくてはいけないと思う？

T氏　はい。

治療者　もう一度、お答えください。どこを、どう変えたいのですか？

T氏　たしかに私の答えはあいまいですね。……うーん、この憂うつな気分を少なくしたいと思います。

治療者　憂うつな気分が問題ですね。自分がそれにひたるのを少なくしたい？　それとも、したいと思うだけですか？

T氏　はぁ、私は〝思う〟という言葉を何回も使いましたね。憂うつな気持ちから解放されたいです、もちろん。

治療者　どこを、どうお変えになりたいのか、だいぶはっきりしてきました。では、ワークの目的を明確にさせるために、逆のことを言ってみましょう。「私は憂うつな気持ちを手放すものか！」「私はいつまでも憂うつな気分にひたってやる！」と、二、三回、ご自分に言ってください。

T氏（言葉をくり返す）

治療者　そう言ったあと、どんな気持ちですか？

T氏　イヤな気持ちですね。イヤですよ。こんな憂うつに一生つきまとわれるなんて、イヤです。

治療者　いま体で感じている嫌悪感をたっぷり味わってください。……いかがですか？

T氏　ああ、イヤだ。こんな憂うつは捨てたい！

治療者　そう、あなたが捨ててもいい部分があるのですね。もし、憂うつを捨てることをしないで、いまのようにことあるごとに長々とそれにひたっていたら、五年後に自分はどうなると思いますか？　一〇年後には？　一五年後には？　どうぞ想像してください。

T氏　もし、この憂うつにとらわれているとすると、あと一五年は生きていけませんよ。五年はなんとか生きるかもしれないけれど、一〇年後にはこの世にいないでしょう。

治療者　そうしたいのですか？

T氏　とんでもない。わかりました。頭じゃなくて、腹の底から変わりたい。私はこの憂うつから自由になりたい。解放されたい。……この憂うつを手放したい。

治療者　ご自分でこの問題の解決方法を講じたいのですね。これで私のほうもごいっしょにワークする準備ができました。

T氏　よろしくお願いします。

治療者　では、この憂うつな感情の源をたどってみましょう。あなたの記憶によると、最近もっとも憂うつに感じたのは、いつでしたか？

T氏　バブルがはじけて、仕事が大幅に減ったときです。

治療者　学生時代は、いつどんなことで憂うつになりましたか？

T氏　入試にパスして大学生になったとき、同級生が喜んで遊びまわっているのに、私は落ちこみました。それから夏期休暇や学期末の休みなんか、憂うつでしたね。

治療者　中学生、小学生の頃は？

T氏　中学二年のとき、小学校からずっと親しかった親友がよそに転校していきました。そのときはしばらく沈んでいたのをおぼえています。

治療者　いろいろな状況のもとで、何回か同じような憂うつの反応をしておられますね。くわしく探っていけば、まだ、いくつか思いだせるでしょう。では、ここでその憂うつな感情をたどってみてください。初めて憂うつを味わったのはいつでしたか？　そのとき、どんな出来事がありましたか？

T氏　（しばらく沈黙して、記憶を想起している）……八歳のとき、父を胃がんでなくした日のことを思いだしました。あのときは……。

治療者　ちょっと待ってください。きょうは過去のその出来事についてお話していただくかわりに、実際にその日その場にいて、悲しい気持ちでいるTさんになっていただきます。いま、その日の自分になってください。八歳のあなたにすっかりなりましょう。どこにいますか？　何が見えますか？　そこで何をしていますか？

T氏　きょうは父の葬式の日です。私は八歳。いま、父の遺骨を抱いて車に乗っている。白木の箱が重たい感じ。暗い夜です。

治療者　T君、君はいま、心に何を決めているの？　何か決意していることは？

T氏　はい、父の叔父たちが「これからお前が一家を背負うんだ、しっかりせにゃいかんぞ」と言っている声が聞こえます。僕は、自分が一家の責任をとらなくてはならない、と思っています。

治療者　どんなふうに生きようと決めたの？

T氏　僕は遊んでなんかいられない。僕がしっかりしていなくちゃ、妹たちも生きてゆけない。僕は自分をなくして、家のために働こう。

治療者　僕には人生を楽しむ余裕なんかないんだ、と自分に言いきかせているのですね。

T氏　はい、妹たちが学校を出るまでは、僕は母を助けて一家を背負うのだと、心に決めました。

治療者　Tさんのようにひじょうに頑張り屋で、また憂うつになられる人のなかには、人生の早い時期に親を亡くされたり、周囲の大人の無理な要求のもとにおかれたりしていたかたがよくいらっしゃいます。子どもは悲しんだり反発したくても、それをする力がありません。そこで、本当の気持ちを押さえこんで、無理な要求でも受け入れる決心をしてしまうのです。交流分析では、そういう大人たちの誤った要求を禁止令というのでしたね。

T氏　（涙を流す）……その後も叔父たちは何かにつけて僕に冷たい仕打ちをしました。そのたびに僕は「くやしい、よし、それなら一生懸命やって叔父たちに〝よくやった〟と言わせてやろう。絶対に父を喜ばせてみせる」と心に誓いました。

治療者　いまそのように話していて、内心ではどんなお気持ち？

T氏　怒っています。

治療者　誰に？

T氏　もちろん、叔父たちに。それに……。

治療者　叔父さんたちのほかの誰に？

T氏　……父です。これはいままで誰にも言わなかったけど、父にも怒っています。どうして僕たちをおいて死んでしまったのだと。

治療者　さあ、今回はその思いを直接お父さんに言いましょう。ここに椅子を置きます。そこにお父さんが座っています。〝お父さん、どうして僕たちをおいて死んでしまったんです！〟……どうぞ。

T氏　（泣きながら、小声で）〝父ちゃん、なんで死んじまったんだよ。

治療者　お腹の底から、感情をこめて言ってみて。どうぞ、二、三回言ってみて。
T氏　（泣きながら、徐々に声を高めて）父ちゃん、なんで僕らを残して死んだんだ！（くり返す）
治療者　お父さんに言いたいことを、なんでも言ってください。
T氏　父ちゃんさえ死ななかったら、僕はこんな目にあわなかったのに。母ちゃんも僕たちも叔父さんたちからいじめられて、いやな目にあってきたんだ。学校でも、職場でも……。（大声で泣く）
治療者　どうぞ、思いきって泣いていいんですよ。
（T氏「くやしかった」と言いながら、一〇分間ほど泣く）
T氏　すいません。もういいです。
治療者　お父さんに言いたいことを言えてよかったですね。では、お父さんの椅子に座ってください。そこに座ると、すっかりお父さんになります。
（T氏はあき椅子に移る）……
治療者　お父さんはあなたを見てなんと言いますか？
T氏〔父〕　すまなかったなぁ。父ちゃんもお前たちともっといっしょにいたかった。お前にはずいぶん苦労をかけたね。つらかったろうなあ……よく母ちゃんや兄弟の面倒をみてくれた。ありがとう。

治療者　いま、どんな気持ち？
T氏　何か、とても落ち着いた気持ちです。
治療者　怒りといっしょにずいぶん涙も出ましたね。
T氏　ええ、怒りの奥に悲しい気持ちがあるのがわかりました。
治療者　それが憂うつの本体なのでしょうね。
T氏　怒りや悲しみを押さえると憂うつになるのですね。
治療者　交流分析では、そういうふうに真の感情を別の感情に置き換えてしまったものをラケット感情と呼びます。憂うつは怒りや悲しみの代用をするために、多くの人びとのラケット感情になるのです。あなたはお父さんを失って、心細くなって怒ったり、悲しんでいるとき、何が起きたのでしょうか？
T氏　自分が犠牲になればいいと感じたのです。
治療者　犠牲になることで、何かいいことがあった？
T氏　交流分析を学ぶまでは考えてもみなかったのですが、いいこともあったと思います。親戚の叔父たちからいじめられはしましたが、ときには「しっかり者だ」とほめられました。学校の先生も、よく目をかけてくれました。妹たちからも、お兄ちゃん、お兄ちゃんと尊敬されるのはうれしかった……。
治療者　ということは、憂うつというラケット感情には、けっこうストロークを得る力があるということですね。

T氏　ええ、いまならわかります。

治療者　いつまで犠牲者でいる予定？

T氏　いつまでって、そんな……。

治療者　妹さんたちはいまどうなさっていますか？　もちろん学校は卒業されましたね。

T氏　ええ、とうの昔に。二人とも結婚して幸せに暮らしています。

治療者　お母さまは？

T氏　数年前に八四歳で亡くなりましたが、するだけのことはしてやりました。家内ともうまくいって、晩年は好きなことをして過ごしていました。

治療者　よくなさいましたね。いかがでしょうか？　もうそろそろご自分を禁止令から解放してもいいんじゃありませんか？

T氏　ええ、わかっているのです。私もずいぶんいろいろやっているんですよ。カルチャーセンターの講義を聞いたり、交流分析や心理学の本を読んだり、一生懸命にこれまでの生き方から抜けだそうとしたのですが……。

治療者　一生懸命に変わろうと努力された？　もしかしたらそれが問題かもしれませんね。

T氏　私も、まだ何か残っていると思うのですが、どうしていいかわかりません。

治療者　その行きづまりをしっかり味わってください。（しばらく間をおいて）あなたは八歳のときから、「人生を楽しんではならない」という禁止令と、憂うつというラケット感情を使って、亡くなったお父さんを含めた多くの人びとからストロークを得てこられました。こんなに役に立った憂うつを手放すことは、たくさんのストロークを失うことになりますね。自分を変えることは危険でこわいと感じるのは当然です。

T氏　（ため息をつく）わかります。でも、もうそんなやり方でストロークを求めたくはありません。

治療者　八歳のあのとき、あの場所で決意した生き方を変えますか？

T氏　変えます。もう叔父の言いつけなんて恐れる必要はないのですから。

治療者　ご自分の人生をどう生きたいですか？　あなたが本当にしたいことは？

T氏　これからは自分の人生を生きたい。仕事以外の自分の時間をもつ。子ども時代から描きたかった絵を描く。友人と楽しみ、食べ、語る。地図をたずさえて旅行する――残りの人生をこんなふうに生きたいのです。

治療者　楽しい人生になりそうですね。

T氏　先生に質問があるんです。さっき、私が一生懸命に変わろうとしたのが問題かもしれないと言われましたが、どういうことですか？　ちょっとひっかかりますので……。

治療者　ご自分ではどう思われますか？

T氏　私はなんでも一生懸命やる性分ですから、遊びも一生懸命やりすぎて、結局、楽しむゆとりをもたない、ということでしょうか？

治療者　そうですね。一生懸命やれとか、頑張れとかいうのはⓅから出る声で、「対抗禁止令」といいますね。私どもが行きづまるのは、多くの場合、禁止令と対抗禁止令との間のどうどうめぐりに入ってしまうからです。禁止令を捨てたつもりでも、実際は「頑張れ」の対抗禁止令に従っているので、遊びを仕事にしてしまうのです。

T氏　本当に自分を変えるのは、その袋小路を抜けることなのですね。

治療者　それに必要なのが再決断なのです。これで準備ができましたね。では、ここに叔父さんとお父さんの椅子を二つ置きますから、これからどう人生を生きるか、ご自分の決心を伝えてください。（T氏の前にあき椅子を二つ並べる）

T氏　叔父さん、僕は十分に責任を果たしました。これからは、妹たちのためでなく、自分の人生を生きます。もう犠牲者を演じるのはやめて、人生を楽しむことにします。お父さん、僕はお母さんや妹たちの世話は十分にしたと思います。家族はみんな幸せですから、ゆっくり休んでください。もう僕も自分の生活だけを考えて、人生を楽しむことにします。

治療者　二人にさよならを言って、ご自分の自律性を主張されました。今回は、個人ワークでしたが、よかったら来週の集団療法で、きょうなさった再決断をみなさんに話されませんか。きっとみなさんもサポートしてくれるでしょう。ご苦労さまでした。

1 再決断のプロセスの概要

筆者は、一九七九年に来日したグールディング夫妻による再決断療法のセミナーに参加して以来、それまでの精神分析的な学習方法と本法とを統合した心理療法を模索し、実践してきました。今日でも、筆者はそのときR・グールディングから受けた講義内容をアプローチの基盤にしていますが、それは次の一〇項目からなります。

①コンタクト（最初の関係づくり）
②主訴
③契約（変化への合意、抵抗の処理）
④ラケット感情
⑤ゲーム（ラケット維持のための空想を含む）
⑥早期決断
⑦禁止令と対抗禁止令
⑧脚本（どう人生を終えるか）
⑨インパス（膠着《こうちゃく》状態、行きづまり）
⑩再決断

紙面の都合で、個々の項目については論じられませんが、本症例を読み返してご検討いただければ幸いです。

2 インパスからの解放

グールディングらは、脚本分析の成功のカギはインパスからの解放にある点を強調しています。インパスとは、治療のある時点で、それ以上の進展を拒まれた「行きづまり」を指します。これは精神分析的治療で抵抗の徹底操作が必要な状況に類似しており、早期決断と禁止令の放棄のためのワークが必要となります。

患者さんがⒶによってゲームや脚本を演じていると気づいただけでは、膠着状態から抜けだすことは期待できません。ワークでは、何よりもまず患者さんがⒸの状態に入るように助けます。本例のように、患者さんは昔の場面を思いだして体験し、禁止令の発言者と対決します。また、自分の将来についてもファンタジーを駆使して考えるようにします。

グールディングらは、再決断の必要条件としてサポーティブな雰囲気を強調していますが、そうした包容的環境のもとでは、患者さんは自分の感情、考え、行動、身体に対して自己コントロールする力のあることに気づくのです。

自分の早期決断をひるがえして発信者の怒りを誘っても、また、これまでのストロークを失う恐怖にかられたとしても、自分の「私は本来の自分を生きる、人生を楽しむ、親しくなる」という自律性の主張からくる真正の喜びを骨肉で知ることにより、脚本から脱却できるのです。

Ⅲ　再決断療法Q&A——二次的構造分析、インパスなど

1　再決断療法の考え方

杉田　みなさんは、ご自分のセラピーの場で交流分析を応用しておられます。とくに再決断療法をテーマに話し合いたいという希望があるとお聞きしましたので、このセッションを設けました。しばらくご自由にご発言ください。

Kさん　二つばかり質問があります。初めから批判的な質問で申しわけありませんが、私はときどき、第三者から「何度も再決断療法を受けたが、結局ちっとも変わらない」という声を聞くのです。だいたい人間は一回再決断して変われるものなのでしょうか？

杉田　はい、再決断療法の対象とか方法に関する基本的な問題ですね。どなたかご発言ください……。

Y氏　私の体験では両面があります。本当に一回の再決断のセッションのあと、劇的に人生スタイルを変えた人を何人か知っています。これは、再決断療法について私に確信を与えてくれています。しかし、クライエントのなかには、発達的に見ていろいろなレベルの人がいるわけで、もちろん限界はあります。たとえば、Drグールディング自身、摂食障害の患者はあまりうまくいかない、長期にわたる安定した、支持的個人療法が必要であるといっています。

D氏　Kさんのおっしゃる〝何度も決断する〟タイプのクライエントはどこにもいますね。私は、それを一種のゲームとして扱っています。バーンのいう「精神医学」(Psychiatry) のゲームで、「私を治せるものなら治してみろ。私はけっして治ってやらないぞ」といった裏面交流の仕掛けに、治療者がひっかかっている状態だと思います。

Eさん　メアリ・グールディングのセミナーに参加して聞いた〝フラワー・チャイルド〟という言葉が、いまでも印象に残っています。ワークを申し出て、積極的に自分の問題に取り組み、文字どおり何度も再決断するのに、その決断をぜんぜん実践しない人たちがいるというのです。

K氏　それは、どんなタイプのクライエントですか？

Eさん　昔、ヒッピーといわれたような人びとで、既成社会に抵抗して根なし草のような生活をしているグループです。今日でいうと、アイデンティティの確立に手間どっている境界性人格障害と呼ばれる若者に相当するかもしれません。再決断で胸にジーンとくるような演技をして、とても重要なワークをしたかに見えるのですが、まったく行動をとらないのが特色だといわれています。

Kさん　すると「実行してはならない」という禁止令に従っているといえるのですか？

Eさん　そう思います。ですから行動するかしないか、どう行動するかについて、まず契約を結ぶことが先決だと思います。

杉田　よろしいでしょうか？　Kさん、ほかにどんな質問がありますか？

K氏　前回の交流分析学会（一九九五年）の講習会で、Drデュセイのデモンストレーションを見て、Ⓐの自我状態を重視しているという印象を受けたのですが、グールディングの本では、再決断はⒸから行なわないと効果がないと書かれています。この点はどう考えればいいのですか？

H氏　私もその点に関しては長い間、疑問を抱いてきました。精神分析による治癒は「イドあるところにエゴあらしめよ」といいますし、洞察とは本質的に知性の働きによるものですよね。精神分析を背景にもつ交流分析でもⒶによる気づきとセルフ・コントロールといいますから、決断は最終的にはⒶが行なうのではないでしょうか？

Sさん　私もそこがよくわからないのです。たしかに自我の機能のなかには防衛のほかに、決断したり、統合したりする働きが含まれていますね。交流分析の本にも、Ⓐは決断する働きをもつと書かれています。

杉田　再決断療法と交流分析の他のアプローチ（学派）との相違に関するご質問になりますね。再決断療法で効果を上げておられるYさんのお考えをうかがいましょう。

Y氏　私は、禁止令や早期決断は、私たちの子ども時代、つまり私たちがⒸを中心に生きていた時期に受信したり受け入れたりしたものですから、再決断の作業もⒸから行なうというのが重要な原則になると思います。

Sさん　じゃ、再決断にはⒶは無関係なのでしょうか？

Y氏　いや、けっしてそんなことはありません。まず、幼い頃の生育史の情報を集めるのはⒶなしにはできないでしょう。私はクライエントにⒶを使って、いつ、どんなことがあったかと十分に情報を集めてもらいます。バーンの「脚本チェックリスト」に答えるのもⒶです。

K氏　どうもまだよくわかりません。幼い未熟なⒸよりも十分に情報をもったⒶで再決断するのが適切だと思いますがね……。

M氏　でも、本当の気づきとか洞察というのは「あー、そうだったのか」(「あー」体験)といわれるように、感情の体験過程ですから、Ⓒの働きではないでしょうか？　Drグールディングの講義でもそう聞きましたし、文献でも再決断療法はクライエントをⒸの状態に入るように援助するプロセスだと書いています。

2　幼児決断と再決断

杉田　みなさんの自由なご発言に感銘いたしております。では、少しお話を整理させていただきます。再決断はⒶによるのか、Ⓒによるのかに関して、Drグールディングはおおよそ次のようなことをいっております。

〝私たちの治療法は、クライエントがⒸで再決断できるような治療環境をつくりだすことに基礎をおいている。Ⓐによる決断や再決断は契約を結ぶには適当だし、自分の行動を見張る「番犬」として一時的には有効である。しかし、真の意味での行動の修正をもたらすことができない〟

本当の意味での破壊的な行動や傾向を放棄して、健全に生きるためにはⒸによる再決断が必要ということになりますね。Yさんがおっしゃっていたように、Drグールディングは、再決断療法はただ違った状態になろうと決心することではなく、クライエントを助けてⒸに入るようにする過程だといわれました。同時にそれは現在の周囲の状況にも気づいている状態でもあります。

N氏　ということはⒶも同時に働いている、ということですか？　なんだか複雑ですね。

杉田　そうですね。私たちの議論を進めてまいりましょう。幼児のⒸがどんなふうに決断したか、再決断にあたってⒸのどの部分が新しい生き方を選ぶか、ということを考えましょう。そのために自我状態の二次的構造分析の知識が必要になります。

N氏　あのⓅのなかのP_3、A_3とかⒸのなかのA_1、C_1とかいうやつですか？　あれはさっぱりわからない。

K氏　交流分析は簡潔なところがいいと思ったけど、ごちゃごちゃしたところもあるんですね。

杉田　みなさんの反応はよくわかります。私もそう考えた時期がありました。でも少しがまんして、もう一度この図（図18）を復習しましょう。（ここで二次的モデルの説明を行なう）

さて、もしあなたが幼いときに親から一方的に「泣く子はきらい」ときびしく叱られたとしたら、どんな反応をなさるでしょう？　たとえば「泣くと親から見捨てられる、もうけっして泣くまい」と決断したとしたら、それは、P_1、A_1、C_1のどの部分でしょうか？

G氏　それはここに出ていないけど、ＡＣからじゃありませんか？

■図18：二次的構造モデル

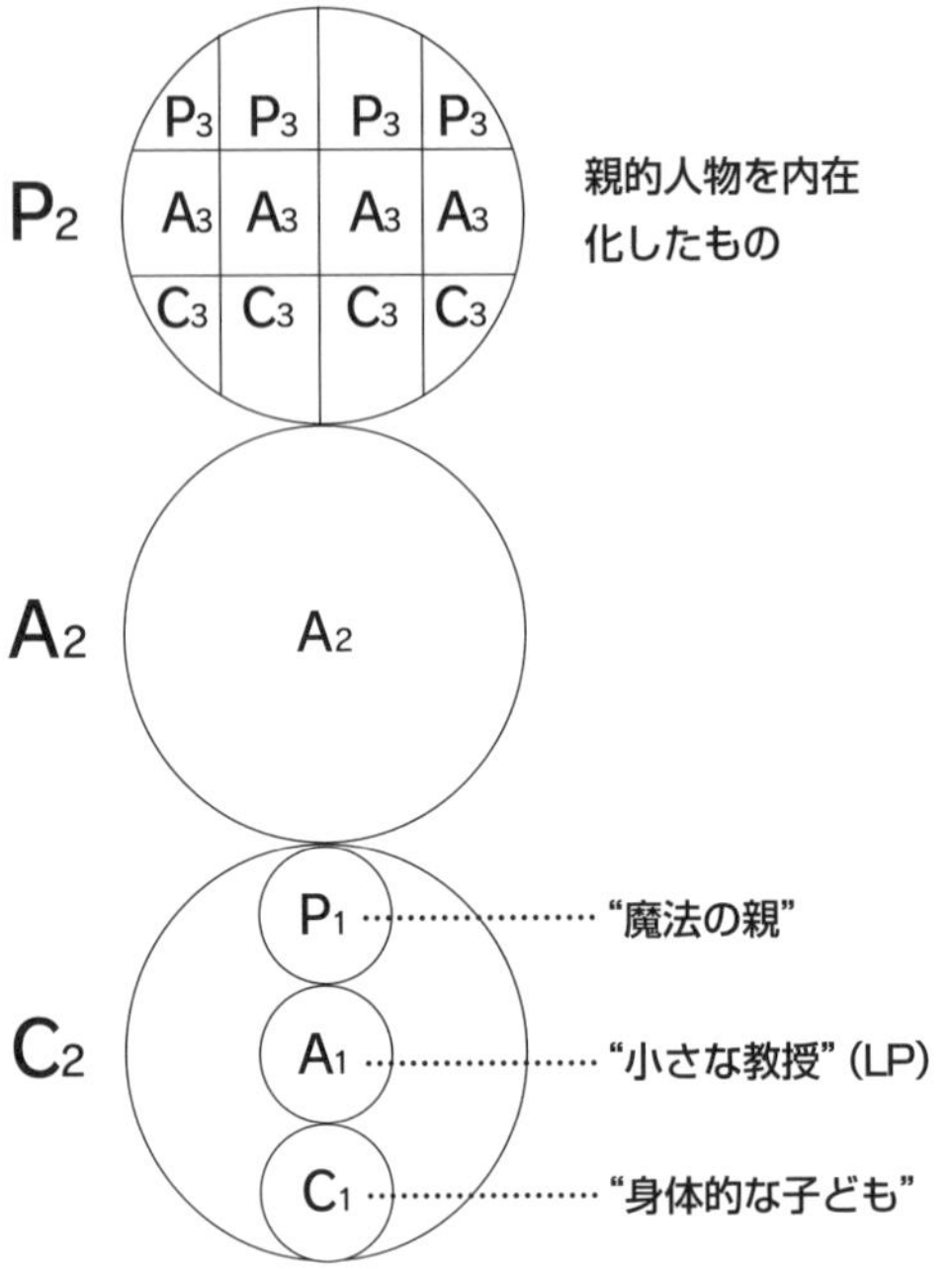

健全に生きるためには、©による再決断が必要とされる

杉田　シフ派といわれる人びとはそう考えるようです。しかし、ACは親のそういうメッセージを受け入れた結果としてできる部分であって、決断を行なう主体ではありませんね。

H氏　C1ですかね。でもC1は衝動そのものだというから、決断機能はもちませんね。

杉田　そう、C1は精神分析でいうイドに近い状態ですから、考えたり、決めたりはしません。

K氏　すると「小さな教授」ですか？　しかしLPはもともと直観力に富んでいて、賢い働きをすると聞いていましたが……。

杉田　はい、幼時決断はA1が行ないます。たしかにA1は、バーンが愛情をこめて「小さな教授」と呼んだほど賢く、直観力を働かせて、外界のさまざまな信号を読み取ります。しかし、しょせん未熟なⒸの一部ですから、誤った情報に従って行動することもあるわけです。

H氏　先ほどの「もう泣くまい」と決めた例で説明してくれませんか？

杉田　ご承知のように、これは気管支ぜんそくの患者さんにときどき見られる禁止令です。

子どもはどんなひどい親のもとにあっても、ストロークをもらって生きる必要があります。直観力と、生存のための知恵に富むLPが、生きるためにくだした最善の結論が早期決断なのです。泣かずにイイ子でいるのがいちばん安全なんだ、と決める可能性があります。また、A1の幼時独特の魔術的な思考も加担します。体の弱い子でいればだいじにしてもらえるとか、死ぬと親から愛してもらえるといったたぐいの具体的な考え方です。このほかに、最近話題のアダルト・チャイルドの場合のように、傷つくのを恐れたり、自分のおかれた立場に理由づけをするために、早期決断をすることもあるでしょう。

H氏　だいぶわかってきました。幼時決断というのは、子ども時代にほとんど生存が無理なような状況でも、ストロークを保持するために自分が知恵をふりしぼって選んだ生き方なのですね。

杉田　そうです。幼児として「生き残る妥結」だという人もいます。そして、成長してからもそれが時代遅れになっているのに気づかずに墨守しているのです。

K氏　すると再決断というのは、もう一度昔のⒸに戻って、そのなかのA1から行なうということですか？

杉田　はい、たいがいのワークはそうです。

3　再決断療法の方法

杉田　では、残りの時間は再決断の実際について考えましょう。ご質問、ご意見をどうぞ。

G氏　いちばんわかりにくいのはインパスの扱い方です。セラピーでの行きづまった膠着状態をインパスという概念でとらえ、三つに分類するところまではわかるのですが。

Sさん　クライエントの変化がつづかないのは、インパスを克服しないためといわれますが、セラピーにおけるインパスの役割はどんなものなのですか？

N氏　三つのインパスのそれぞれをわかりやすく説明していただけませんか？

杉田　多くのかたが関心をおもちのようですからテーマをインパスにしぼりましょう。精神分析では、抵抗処理のない治療は治療に値しないといわれますが、再決断療法におけるインパスの位置づけは、それと同じような意味があると思います。

Sさん　クライエントはセラピーを受けていて、なぜインパスにおちいるのですか？

杉田　このご質問からごいっしょに考えましょう。再決断療法を受けていざ早期決断を放棄するとなると、みなさんだったらどんなお気持ちになりますか？　幼時からいい子にして親からの禁止令に従っていた人びとは、いままでの愛とケア（ストローク）を失ったらどうしようと不安になりませんか？　あるいはこれまでの決意を変えたら、親の怒りを招くのではないかと恐怖にかられませんか？　こうした心理的な報復——もちろんその多くは思いこみや空想なのですが——を恐れるのがインパスの原因です。

M氏　その場合、早期決断を放棄するのはⒶですか？　それともⒸですか？

杉田　たいへん核心を突いたご質問をいただき、ありがとうございます。Ⓐがこれまでの生き方を変える決心をしたときに、症状や絶望感が起こることがあります。Drグールディング自身の経験が報告されています。多忙な生活に葛藤を抱いた彼が、少しらくをしようとⒶで決断したところ、安堵感のかわりに「ひどい頭痛に終わった」と言うのです。長い間、勤勉に仕事にはげんできたのに、それを失ってさびしいことに気づいたそうです。Ⓒがストロークや力を奪われて、体で抵抗したのでしょうね。また、Ⓐが決めた新たな時間の構造化にⒸがついていけず、落ちこむことも考えられませんか？　こういうわけで、再決断療法はⒸの動機に直接耳を傾けようというのです。

N氏　三つのインパスとその扱い方をお願いします。

杉田　はい、この図（図19）をごらんください。第一度のインパスは対抗禁止令やドライバーに対する反応で、クライエントがⓅとⒸの間で膠着《こうちゃく》状態を起こしている場合です。先にあげた、Drグールディングの仕事をめぐる葛藤《かっとう》が典型的な例です。子どもは親のⓅから「一生懸命に働け」とか「勉強でも仕事でもしっかりやれ。さもなくばぜんぜんやるな」といったメッセージ（対抗禁止令）を受けます。子どもはLPからそれに従おうと決断します。みなさんやサイコロジストの多くがこの種の指令に従っているものです。

ところが人生のある時点で、「これが私の人生だろうか？　少し仕事量を減らして楽しみたい

■図19：第一度のインパス　対抗禁止令やドライバーに対する反応

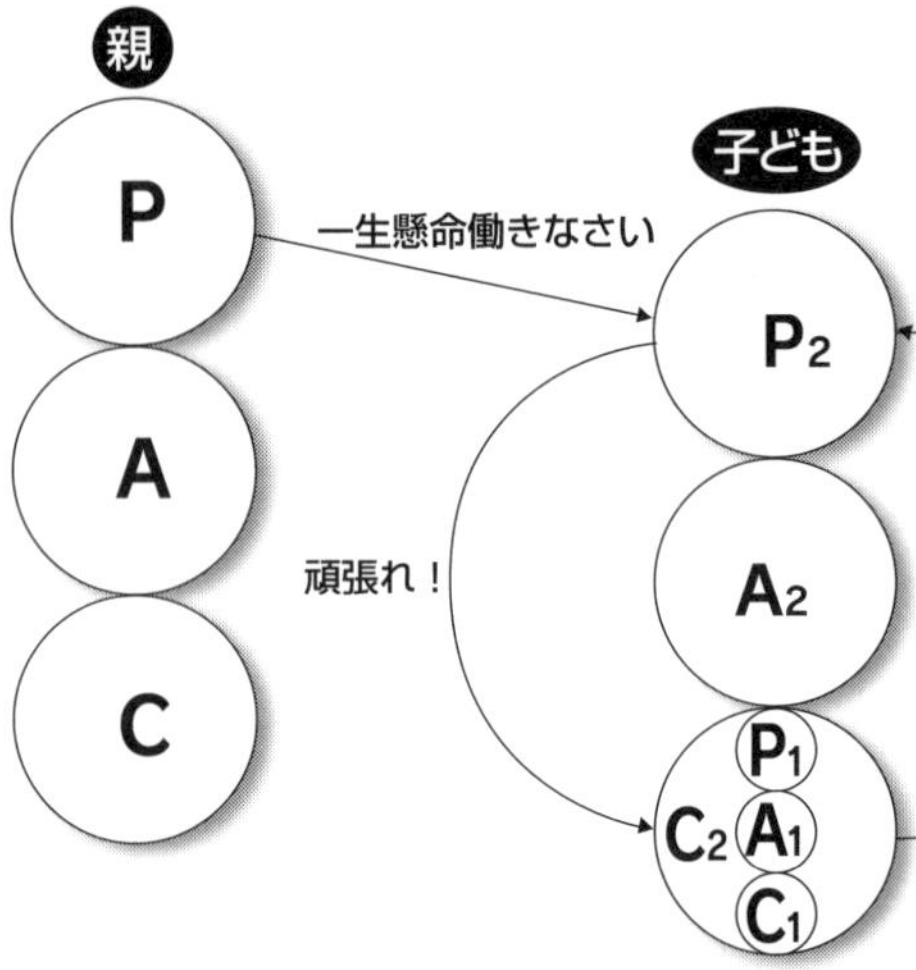
そんなに
頑張りた
くない

ものだ」と思うようになります。そこでⒶで余暇の計画を立て、それを実行できればインパスを解消したことになるのですが、実際はなかなかそうはいきません。Ⓐが「頑張らないことにしよう」と決心しても、Ⓒがそれまで勤勉さや業績から得たストロークについては十分な相談を受けていないので、かえって葛藤が深まることのほうが多いのです。

M氏　まさに私の場合がそうです。

杉田　解決のワークは、親が「頑張らなくてはだめだ」と命じたり、叱ったりした場面を一つ思いだし、想像のなかでそのときの親と向かい合うのです。そこで本当に親に言いたいことをA_1から言うのです。たとえば、「お父さんは仕事のことしか頭にないんだよ。でもね、僕はお父さんと違った人生を生きたいんだ。いままでのように仕事に明け暮れないで、遊んで人生を

■図20：第二度のインパス　禁止令に対する反応

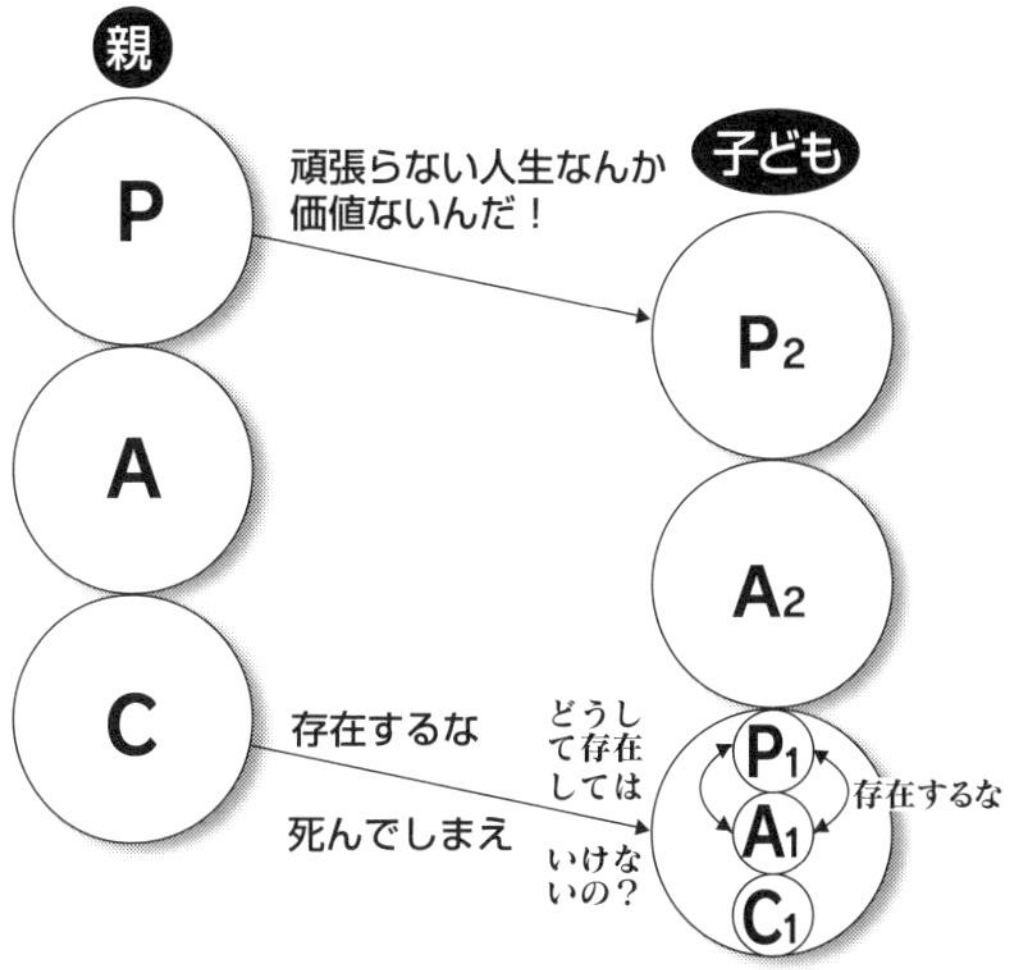

楽しむことにしますからね」と宣言するのです。

M氏　親と対決するのですか？

杉田　おまちがえのないように。郷里に帰って年老いた親に実際に言え、というのではありません。あくまでも空想上でのワークです。

M氏　わかりました。

杉田　では第二度のインパスに進みましょう。この図（図20）が示すように、第二度は禁止令に対する反応で、親のⒸが子どものⒸに発信したメッセージと、ⒸのなかのA_1（LP）との間に生じる膠着状態です。たとえば、クライエントが幼い頃、母親から、「お前が私を不幸にした。お前さえいなければ、離婚してもっといい人生を送れたのに」と言われたとします。これは「存在するな」という禁止令ですね。こういう場合、ふつう子どもはどんな決断をするでしょう？「私はいつか自殺してやろう。そうすれば、母はあんなひどいことを言ったのを、きっと後悔するようになる」といった自己破壊的な決断をするものです。そして成人後も、頭のなかから

「お前が私を不幸にした。お前は死んだほうがましだよ」という声が聞こえるようで、ときどき抑うつ状態になるのです。

そこで、ワークではその種の場面を思いだし、母親に向かって自分は幸福な人生を生きるという決断を告げることになります。たとえば、「どうして私が存在してはいけないの？　私は好んであなたの子になったのではありません。私を生んだのはお母さんとお父さんなのですよ。私はあなたの不幸や悲しみに、これ以上責任を負うことをやめにします」あるいは「今後は、あなたの不幸の原因になるのは、まっぴらよ。私はあなたに関係なく幸せになって、人生をエンジョイしますからね」と告げるのです。

Kさん　なんだか、ずいぶんきつい対決ですね。

杉田　そうですね。でも禁止令はもともと呪いのように人をしばってきた力なのです。ですから幼時決断をした同じ状態（A1）から、〝いま、ここで〟それにまさる力で再決断する必要があるのです。

Sさん　第二のインパスは「存在するな」に限りませんね。

杉田　はい。一三～四ある禁止令すべてにあてはまります。ポイントはA1から「なぜ成功してはいけないのですか？」「なぜ親しくしてはいけないのですか？」などと問いかけ、「私は本当に自由になって生き、楽しみ、愛します」と自律性を主張することです。

最後に、第三のインパス（図21）ですが、これはいままでのように親と子といった二者関係と

■図21：第三度のインパス
自己を肯定する気持ちと
否定する気持ちの反発

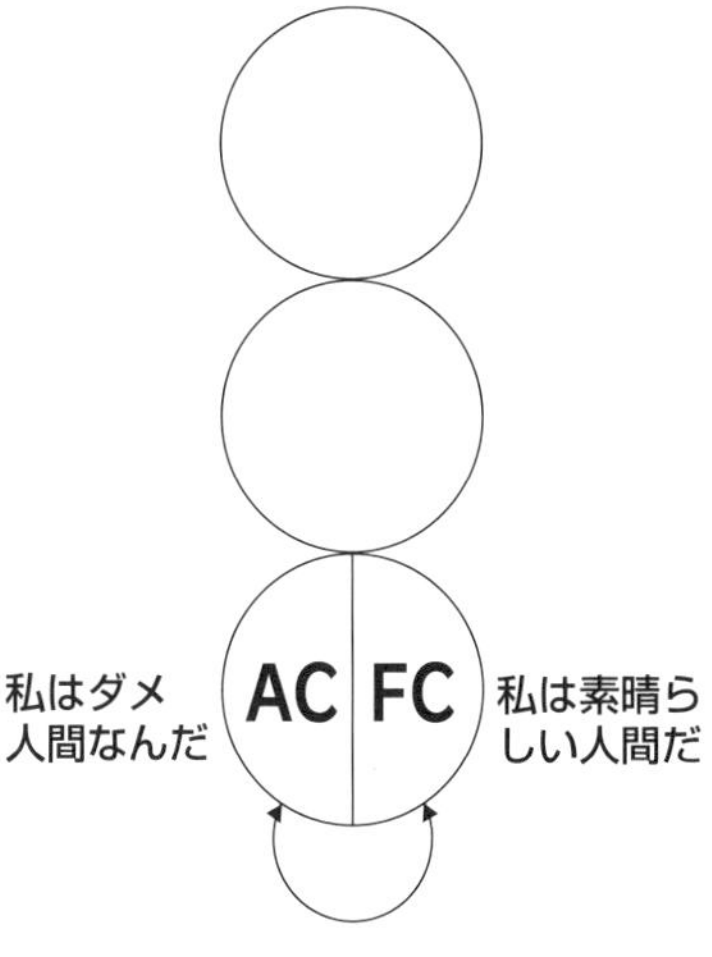

は異なり、個人の精神内界にその源をもつものです。

N氏　というと、親のⓅまたはⒸと、子どものＬＰとの間の葛藤ではないのですね。

杉田　そのとおりです。図のように個人のなかのＡＣとＦＣの葛藤です。

Kさん　どうもわかりません。

杉田　少し理論的になりますが、最近米国で発展している自己心理学は、言語が発達する以前の人生のごく早い時期に、子どもは、自分の自己愛的な承認欲求を親が受け入れるか、拒絶するかによって、肯定的あるいは否定的自己イメージをつくりあげる、と主張しております。これは交流分析の「私はＯＫ」あるいは「私はＯＫでない」という基本的構えの形成過程と似ています。否定的自己イメージは自己評価の低いＡＣと深く関連し、もしこれが肯定的イメージにまさると、成人してからも「私はいつも無価値、いつも不器用、いつもイライラ、いつも間抜けだ」といった感情にとりつかれることになってしまいます。ですから、人生早期にこうしたＡＣの感情をもった人は、禁止令を外部から来るものとせず、生まれてこのかたインパスを自分の一部であるように経験しているのです。

Eさん するとワークでは、本人が生まれつきと感じている〝ダメな自分〟と「私はOK」のFCとを対決させることになりますね。

杉田 そのとおりです。方法としてはいろいろ考えられますが、グループの力を借りて「私はOK」のリストをこしらえ、ACを納得させる方法などが有効です。あるいは、生まれたばかりの赤ん坊の自分が目の前にいると想像して、その子がなぜ無価値かを説明する方法も使えます。

（54ページ・症例一〇参照）。

Eさん どんな形で第三度のインパスは解消するのですか？

杉田 ACとFCと対話させると、ACは「無価値を味わうのはもうこりごりだ。私はもうこれを捨てようと思います」というところまできます。するとFCは「もちろん、私は無価値だという気持ちを捨てます」と現在形で宣言します。そこでACも「いま、いい気分だ。私はだいじな人間なんだ」と納得するのです。

Y氏 第三度から抜け出たと判断する手がかりが何かありますか？

杉田 いちばんはっきりしているのは、「私はいつも……」という自己否定的な表現が減って、「母が……」とか「あなたは……」といった他者が会話に登場してくることでしょう。

Y氏 第三度はもっと勉強したいですね。

杉田 はい、人生早期の心の発達をしっかり学ぶことが役立つと思います。みなさん、きょうはいろいろとご発言、ありがとうございました。

第六章

方法をより深く学びたい人のために

I　夢のワーク――インパスの解決をめざして

本章では夢のワークを取り上げたいと思います。いうまでもなくS・フロイトが夢解釈の道を開いて以来、今日の睡眠の生理学的研究に至るまで、夢については多くの研究がなされ、臨床的にもさまざまな夢の扱い方が開発されています。夢にくわしい鑪幹八郎《たたらみきはちろう》氏（京都文教大学教授）は、従来の心理学的「夢内容」の研究と最近の電気生理学的「夢み」の研究とは、互いに相補的関係にあるとしています。心身症患者は夢をあまり見ない（正確には、報告しない）といわれますが、これは心理臨床的に興味深い点です。

一般に、夢を治療に利用することは、無意識的な心的内容を発見したり、幼児的ファンタジーやその底にある衝動、その結果現われる葛藤や防衛、現在の行動や転移にひそむ心的内容を統合することを意味する、とされています。

交流分析でも、精神分析の伝統を踏襲して夢のワークを行ないますが、その考え方と方法は、ゲシュタルト療法の創始者F・パールズに大きく負っています。夢のなかのすべてのものは自己（セルフ）の投影とされ、ワークはインパス（にっちもさっちもいかない膠着状態）の解決をめざして行なわれます。

〔症例一―①〕Kさん（二三歳）過敏性腸症候群とうつ状態

大学生で、交流分析を三カ月学ぶ。

Kさん 夢のワークをしたいと思います。私はあまり夢を見ませんが、中学、高校生の頃よく見た夢についていてお話しします。いまでもはっきりおぼえている夢です。

治療者 どうぞ。舞台で演じられているドラマのように、生き生きした形で話してください。

Kさん はい、夢のなかで、私は幼稚園に通う、四、五歳の女の子です。幼稚園から遠足に出かけます。山があり、湖があり、景色の美しいところをバスで通っています。やがてバスを降りて、しばらく散歩すると湖のほとりに出ます。その湖には白い観光船が浮かんでいるのが見えます。

なぜか湖には綱が張ってあって、「どうしても綱を渡って向こう岸に渡らなければいけない」と命令されるのです。綱は湖の水面のはるか上にあって揺れています。私は観光船に乗って向こう岸に渡りたい。綱渡りはこわい、いやだ、したくないと思っています。しかし、しかたがないと考えて、おそるおそる綱を渡りはじめます。前にいた仲間の少年は難なく渡っていきます。私は全身で危険を感じながら綱渡りをしています。

こわい、いやだ。でもようやく湖の中央まで来ます。そこでバランスをくずして湖に落ちていきます。高い所から落ちる感覚を感じて目が覚めるのです。

治療者　ルールどおり現在形で話してくださったので、夢が再現しましたね。では、夢のそれぞれの部分になってください。たとえば、もしあなたが湖に張られた綱だったら、どんな性質で、何を言うだろうか、といったぐあいに……。

Kさん　私は綱です。誰かが向こう岸までつなげました。私の上を渡るのはやさしいことじゃないけど、向こう岸にたどり着けば、いいことが待っているのです。

治療者　綱と対話してみましょう。

（女の子と綱との対話）

Kさん〔女の子〕　でも、私こわいの。先に行くM君みたいに運動神経がよくないし……。本当はあの観光船に乗っていきたいのよ。あなたの上なんか歩きたくないのよ。

〔綱〕　何言っているんだい。あんたは、いつもそうやってしりごみする。M君にできることが、あんたにできないはずないんだ。さあ、体のバランスをとりながら、さっさと歩いてごらん。私は太くて強いんだから、途中で切れることなんかないよ。

〔女の子〕　でも、いやなの、こわいの。

〔綱〕　泣きごとを言っている場合じゃないよ。あんたは私の上を渡ることになっているんだよ。

治療者　不本意ながら綱渡りしている女の子が、あなた自身の一部であることを認めますか？

Kさん　はい、まちがいなく私です。
治療者　Ⓟ、Ⓐ、Ⓒでいうと、あなたのどの部分でしょうね？
Kさん　この小さな女の子は私のＡＣだと思います。私は子どもの頃から、自分の望むことを伝えられず、いつもしかたないなと思いながら母親の望むことをやってきたのです。母は何度も私に綱渡りをさせました。母は、私にとって興味もなくむずかしいと思うものばかり要求したのです。オルガン教室、そろばん塾、学習塾、読書クラブ、ペン習字などです。夢の話をしているうちに、これがオルガン教室だとわかりました。私の前で難なく綱を渡っている少年はＭ君です。私の同級生で、オルガンも勉強も私より優れていました。母はいつも彼と私を比較していたのです。
治療者　遠くの観光船にもなってみませんか？　どんな存在を感じますか？
Kさん　私は白い大きな観光船です。たくさんの人が私に乗っています。乗客はみな歌ったり、食事したりして楽しんでいます。私はこの湖の名物なんです。
治療者　湖の上の綱も見えますね。
Kさん　ええ、遠くに風にゆらぐ綱が見えます。それに小さな子どもが何人か、綱を渡っている。
治療者　ここでも出会いができそうですね。船と小さなあなたとで話し合ってみてください。
Kさん　〔観光船〕まあ、まあ、どうしてそんな危険な綱渡りなんかしているの？　私に乗ればいいのに。こっちでは、みな、愉快に楽しんでやっているんだよ。

〔女の子〕 私も本当はあなたに乗せてもらいたいのよ。綱渡りしながらも、あなたのお客になれたらどんなに幸せかと思っていたの。

〔観光船〕 どうして、そんなあぶない綱を渡らなきゃならないの？

〔女の子〕 しかたがないのよ。将来しっかりした人になるためには、これが必要なんだと母から言われているから……。

〔観光船〕 わかんないな。でも、お母さんがそう言うならしょうがないね。落ちないように気をつけてね。

治療者 観光船もあなたの一部だと認めますか？

Kさん ええ、遠くに見えるけど、対話してみて、ＦＣだと気づきました。本当はもっと積極的に人生を楽しみたいと望んでいる私ですね。

治療者 こうやって、夢の部分部分になってみると、あなたの性格の様相がおわかりになるでしょう。では、今度は湖になってみては？

Kさん うーん、これはわかりません。あんまり大きくて……。

治療者 湖は何にあたるだろうというふうに、頭で考えないほうがいいのです。ただ、夢で何が行なわれているか、どういうことが起こるかを見ていけばよいのです。

Kさん 私は湖です。観光船が通るほど広く、深い湖です。私を横切る綱が一本張られています……。

治療者　そうそう、そういう調子でいいのです。湖さん、いま、あなたのなかで何が起きていますか？

Kさん〔湖〕　小さな女の子が上から私のなかに落ちてきた！……でも、ここでいつも私は目が覚めるのです。

治療者　では、目をつぶって、あなたの夢を見つづけてください。想像をたくましくして、映画か、テレビを見るように、夢を見つづけてください。何が起こるのですか？

Kさん　女の子が高い綱の上から水中に落ちていく。

治療者　〝女の子が〟と言わないで、〝私は〟と第一人称でお話しください。

Kさん　私は湖に落ちて、泳げなくて苦しんでいます。苦しみもがいて、やがて死んでいくのです。誰も助けてくれないし、観光船まで泳いでいくこともできない。……綱から落ちていくとき、どうしようもない不安な気持ちがよぎります。湖は私が無視され、苦しみながら死んでいく場所です。湖には母の否定的評価がたくさん用意されており、私はそれから逃れられないのです。

治療者　〝それ〟と言うかわりに、もう一度「私は」あるいは「あなたは」と言ってみましょう。

Kさん　私は湖です。あなたは私の底深く落ちてくる。私はあなたの苦しみも、さまざまな

気持ちも無視して、ひたすら否定的評価を与えつづけるのです……どうしてM君にできることが、あなたにはできないの？　オルガンだってペン習字だって、努力しだいなのよ。あなたは何をやっても中途半端で、おかしなミスばかりするのね。どうして、そんな私をがっかりさせることばかりするの？　そんなふうでは、この厳しい世のなかを生きてゆけないのよ。もっとしっかりしなさい。あとで後悔したって知りませんよ。

治療者　いまの言葉を、あなた自身に直接言ってみてください。

Kさん　（語調激しく自分に言う）

治療者　湖は、あなたのなかの何でしょう？

Kさん　（ため息をつきながら）ＣＰです。……母の期待、母の価値観、私のなかで指図し、非難する母です。綱はＣＰの手段です。

治療者　いかがですか、こういうふうに夢の各部分になってみて？　交流分析やゲシュタルト療法では、夢はあなたの生き方、あり方そのものとされていますが、納得できますか？

Kさん　はい、たしかにＡＣ、ＦＣ、ＣＰが活動している私の姿そのものです。

治療者　では、先に進みましょう。二つのことを探りましょう。一つは夢のなかでどんなインパス（行きづまり）が起きているでしょうか？　もう一つは、夢のなかで欠けているものを探すことです。

Kさん　まず、私がどんなふうに行きづまっているか、ということですね。湖のなかで溺れかかっている、そしてやがて死んでいく……綱から落ちた瞬間に頭をよぎった考えはというと……

治療者　考えが頭をよぎったのではなく、あなたが日頃から考えているのは……。

Kさん　そうです。私がいつも考えているのは、しかたがない、私は母の期待にそって生きるしかないのだ、ということです。でも同時に「自分にはできない」と呪文をかけているのです。事実、私は失敗ばかりしてきました。

■図22：第二度のインパス
私（子）は、母親の禁止令に従って生きている

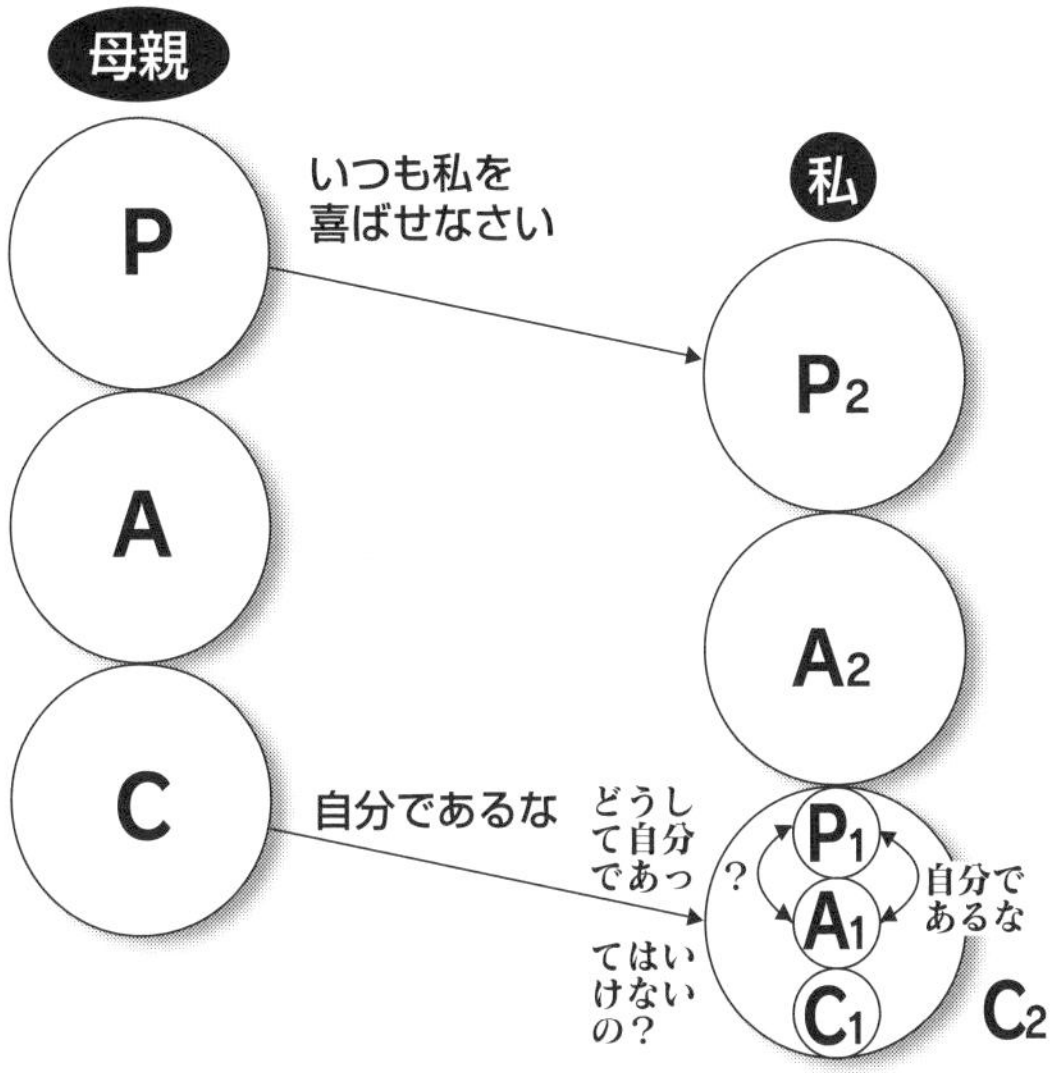

治療者　夢にはそのとおりに表われていますね。交流分析的にいえば、第二度のインパスですね。図に描いてみましょう（図22）。こうなりますね。あなたはどんな禁止令に従って生きてきたのでしょう。

Kさん　母の私に対する態度は、つねに「私の期待どおりの人間になれ！　さもなければ知らないよ。

見捨てるよ」というものでした。

治療者　あなたの受け取り方は？

Kさん　うーん……「自分であるな！」。そして私がした決断は、「どんなに頑張ったって母を満足させることはできない」というものです。

治療者　そして綱から落ちて、いや自ら身を投げて、お母さんの否定的評価の湖のなかで死んでいく？

Kさん　そのとおりです。本当に夢というのはあからさまな表現法で、私の人生脚本を描いていますね。

治療者　では、もう一つの問題ですが、あなたの夢に欠けるものはなんでしょう？

Kさん　考えてみたのですが、質問の意味がよくわかりません。

治療者　人はトータルな生き方をするとき、健康や幸福を取り戻せるのでしたね。逆にいうと、病気や不幸になるときは必要な何かを避けたり、欠いたりしているのです。夢は正直にそれを示してくれます。夢のなかではあなたの性格のどの部分が欠けていますか？

Kさん　そういえばＮＰもⒶも夢のなかに出てきませんね。

治療者　さっそく、ＮＰとⒶを夢のなかに登場させてごらんなさい。

Kさん　新しい夢を見ろ、ということですか？

治療者　新しい夢を見てもいいし、いまの夢を創造的に描き変えてもいいのです。ＮＰとⒶ

を登場させてごらんなさい。

Kさん　NP、NPと……そう、まず私に必要なのは、湖に落ちてもすぐに救いあげてくれる救命艇です。私が綱渡りする間、ずっといっしょにそばについてきてもらえばいいんですね。……待ってください。その前にⒶが登場すればいいんです。頭の固い、無謀な引率教師を説得して、子どもをこんな危険な目にあわせるのをやめさせるような、賢い教師がもう一人いればいいんだわ。

治療者　なるほど、おもしろいストーリーになりそうですね。その賢いⒶの持ち主と湖とを出会わせてみては？

Kさん　何をやってもいいのですか？

治療者　あなたの夢ですよ。どうにでもつくり直してごらんなさい。あなたのやりたい方法でね。

Kさん　(笑いながら) どこかから大きなハサミか刃物を持ってきて、綱を切ってしまうのはどうでしょう？　幼稚園の園児が湖畔に着く頃には綱は湖のなか……その結果、園児はみんないっしょに観光船に乗って向こう岸に行くのです。もちろん私もそのなかにいます。

治療者　夢をこんなふうに大きく変えてみて、どんな感じですか？

Kさん　なんだか自分のなかに活力がわいてくる感じです。

治療者　そうなのです。あなたの性格の手放した部分を統合して、もう一度まるごとのご自分になると、再び成長が始まるのです。

Kさん　ええ、なんだか自分を変えられそうな気がしはじめました。

治療者　あなたのワークの取り組みを拝見していて、私は初めからあなたは素晴らしい潜在能力をおもちだと感じていました。

Kさん　次のワークもやってみたいです。

治療者　では、次回のセッションでその機会をつくりましょう。

1　夢のワークの実際

本症例に見られるアプローチや考え方をまとめると、次のようになります。

フロイトは「夢は無意識への王道」と述べたのに対し、パールズは「夢は統合への王道」と理解しました。ゲシュタルト療法では、夢を解釈せず、その内容を自分にフィードバックして自分を発見することに徹します。

夢にはさまざまなタイプがありますが、交流分析ではそのうち①同じ内容をくり返し見る夢、②昔見たものでいまだに詳細におぼえている夢、の二つをとくにワークの対象とします。これらはいわば〝生きている夢〟で、夢主の全存在、〝あり方〟（実存の問題）を示します。夢に現われる人物、事物、断片、雰囲気などは、断片化された自己であると考えます。それら疎外された自己を統合して、全人的な人間になることがワークの目的です。

ワークの方法として、夢に投影されている各部分に〝なる〟こと（to become）が有効です。すべての材料を本当に演じると、再び自分の一部として統合されるからです。また、夢のストーリーで、欠けている部分、空白の部分を探すと、自分が避けている問題、あるいは自分の人格から押し出した部分が見つかりやすいものです。明らかな問題を避けていると気づくことで、夢がわかるようになります。

交流分析を学んだ人の場合は、Ⓟ、Ⓐ、Ⓒで自分の夢を説明するという方法もできるようになります。夢のなかのインパス（行きづまり）が、生活のインパスを示すことを理解しやすくなります。パールズ、グールディングらは、ともに夢のワークの中核はインパスの解消にあるとしています。パールズはインパスのなかにとどまり、それを受け入れるとき、変化は自然にやってくると主張します。一方グールディングはこの変化のパラドックス説よりも、インパスの内容を明確にして、自分の望むやり方で再決断する方法をとっています。

〔症例一―②〕Kさん二回目のセッション

治療者　では、夢のなかのインパスをもう一度、まとめていただきましょう。

Kさん　はい、湖のなかには、母の否定的評価がたくさん用意されており、私はそこから逃れることもできず、観光船に乗り移ることもできず、苦しんでいます。もう一つは、苦しみもがきながら死んでいくしかない。誰も助けてくれない……。（涙ぐむ）

治療者　二番目のインパスにアタックしましょう。死んでいくしかないと決めたのはいつですか？

Kさん　高校時代です。

治療者　高校時代のあなたに、命を与えると決心しませんか？

Kさん　どうやるのですか？

治療者　あなたのやりたい方法でいいのです。

Kさん　わかりません。先生、助けてください。

治療者　〝助けてください〟と大声で言ってみて。

Kさん　（叫ぶように）助けてください！　助けてください。助けて！

治療者　とてもパワフルです。では、私になってみて。

Kさん　先生にですか？

治療者　そうです。私を演じてください。あなたが私だったらなんと言うでしょう。どうぞ。

Kさん〔**治療者**〕　もう一度高校生になって、お母さんと対面してみましょう。その椅子にお母さんを座らせて。さあ、どうせ死ぬのなら、死ぬ気になって、本当の気持ちを伝えてごらんなさい。

治療者　じょうずですね。つづけてください。

Kさん〔**本人**〕　もう、イヤ！　あなたの言うとおりになる人生は！　私は私の人生を生きたいの！　自分で選んだ道を進みたいの！　そのほうが私は力が出せるのよ！……そうします。私は私の人生を生きます。友だちとも遊んで、楽しみます。

治療者　お母さんはどんな顔をしていますか？

Kさん　びっくりして、私を見ています。

治療者　もう一度自分の言葉に命を吹きこんで、お母さんに言ってみませんか？

Kさん　（主張をくり返す）

（グループから支持の言葉が寄せられる）

治療者　これから一人歩きなさるとき、いろんな困難にも直面するでしょう。そのたびにきょうの再決断に戻りましょう。どうぞ、この種の勉強会に出て、みなさんと支えあってください。きょうはこれで終わりますが、みなさんはしばらく、Kさんといっしょにいてあげてください。

グールディングらは、第二度のインパスの解消はけっしてやさしくできるものではない、と述べています。治療者が注意深く傾聴すると同時に、患者を支える雰囲気を備えたグループが必要だと強調しています。

ゲシュタルトのワークでは、異なった部分を出会わせる方法がよく用いられます。相入れない、対立するもの同士の対話が進むと相互に学習が起こり、統合が始まるからです。また、患者が治療者に援助を請うとき、自分の力を取り戻す方法として、治療者を演じさせることもできます。患者は役割を演技する間に、自らの豊かな潜在能力と創造性を発見するのです。

Ⅱ 訣別のワーク――対象喪失と悲哀の仕事

愛する人、心の支えとなっていた人を失ったあとにつづく、心理的平衡を回復するための過程は、「悲哀」あるいは「喪」として知られています。このプロセスは一定の過程をたどり、日とともに回復し、適応することによって、自我は強化されます。しかし、「悲哀の仕事」(喪の作業)が否認や現実逃避などによってさまたげられるとき、対象喪失は自我喪失へと変容することがあります。このへんの研究は小此木啓吾《おこのぎけいご》教授の著書『対象喪失』(一九七九年)にくわしく述べられていますので、心身医学の学徒はぜひ一読されることをおすすめします。

「悲哀の仕事」が達成されずに心身症や抑うつ状態へと移行するケースがあります。とくにわが子を亡くした両親、子ども時代に誰かを失った人、離婚した夫婦、退職後も仕事にこだわる人、病気や事故で体の一部または機能を喪失した人などにみられ、病的な喪への発展を防ぐための支援が必要とされています。当人が喪失の事実を受け入れ、理不尽な思いこみに〝別れを告げる〟ことによって、いまの生活にエネルギーを再投入することがワークの要《かなめ》となります。今回は交流分析・ゲシュタルト療法が用いる方法を紹介し、考察を加えてみたいと思います。

〔症例二〕Rさん（四五歳）自律神経失調症

Rさん 長男のM男が交通事故で亡くなったのです。

治療者 いつのことですか？

Rさん 七年前です。ほとんど即死でした。（しばらく事故のようすを語る）……自転車で町に行くのを私が止めてさえいれば、トラックにはねられるなんてことにならなかったのです。

治療者 七年前の出来事でしたね。

Rさん はい、まだ昨日のことのように、すべてはっきり思いだせます。

治療者 M男くんのお葬式はどのようになさいましたか？

Rさん 私はただぼう然としたままでした。遺体を火葬に付するときは、もう立っていることができず……家族の話では失神したといいます。しばらく寝こみました。

治療者 そのあとは？

Rさん 毎日、あの子の写真の前に何時間も座っていました。でも、家族から、しっかりしなければM男を悲しませるだけだと言われ、きょうまでなんとかやってきました。

治療者 ご自分の病気とM男君の死とは関係があると思いますか？

Rさん はい、私はずっと自分を責めてきました。娘たちも、ママはいつまでもM男のことを悔やんでいると言うのです。生きていれば、いまは高校三年生です。でも、私の心のなかでは、いつまでも昔のままのM男です。

治療者　M男君との間に未解決のままの問題があるのですか？

Rさん　このグループに参加するまでは、そんなものはないと思っていました。しかし、いまはあるように思います。

治療者　というと？

Rさん　それがよくわからないのです。この前入院したとき、主治医の先生から「自分を責めすぎる」と言われました。このことでしょうか？

治療者　ごいっしょに考えましょう。先ほど、いつまでも昔のままと言われましたが、M男君の部屋はどうなっていますか？

Rさん　そのままです。あのときのままですべてとってあります。机も本も、好きなプラモデルも……。ときどきベッドのシーツも替えてやります。

治療者　あなたにとってM男君はまだ生きている？

Rさん　ええ。クラスメートがみんな中学に進学したとき、うちにもデパートから制服の注文票が届きました。あとで娘たちから反対されたのですが、私はあの子の制服を買いました。それはあの子の部屋に置いてあります。

治療者　もしM男君が部屋のようすや制服を見たらなんと言うでしょうね。

Rさん　おそらく「ママ、僕はもういないんだよ。僕はそんな制服を着ることはできないの」と言うでしょう。

治療者　いま、誰が誰に向かって話しているのですか？

Rさん　M男が私に……、いいえ、私が私に話しているのです。

治療者　そうですね。M男君は七年前に亡くなったのです。あなたはM男君と話しているのではなく、ご自分で自分にそう言っているのです。M男君はあなたの言葉を聞いたり、あなたに話したりすることはできないのです。今度は、いまのことを自分のために言いましょう。

Rさん　（涙をぬぐいながら）M男はもういないの。M男は制服を着ることはできないの。

治療者　そうですね。では、今度はM男君に感謝していることを言ってください。

Rさん　小学五年まで私といっしょにいてくれてありがとう！　あなたを育てることは楽しかった！　よくママのお手伝いをしてくれたわね。よくドライブにも行ったわね。あなたは動物園が好きだった。犬や猫にもやさしかった。あなたは本当にやさしい子でした。ママはあなたが大好きでした。あなたを育てさせてくれてありがとう。でも、もう少し長くあなたといっしょにいたかった！　くやしい！

治療者　怒りの気持ちもあるのですね。

Rさん　ええ、ママの言うことを聞いて、あのとき自転車で出かけさえしなかったら、あなたは死ななかったのよ！　ママはくやしい！　ママの言うことを聞いてくれなくって……。

（泣く）

治療者　その言葉をM男君はわかりますか？

Rさん　いいえ、死んだあの子には聞こえません。

治療者　そうですね。あなたはご自分に言っているのです。どうぞ、あなたの怒りを自分に言いましょう。

Rさん　私は怒っている。あなたが死んだことを怒っている。でも、死んだのはM男のせいじゃない。私のせいでもない。私は怒っている……こんなことが起きたことに！　私はくやしい！　私は悲しい、悲しいのです！（泣く）

治療者　いかがですか？　未解決の問題は解決しましたか？

Rさん　怒りを自分に向けて、自分を責めてきたのですね。主治医の先生が言われた意味がわかりました。

治療者　つらかったでしょうね……（しばらく沈黙）。M男君に「さよなら」を言う準備ができましたか？

Rさん　はい。

治療者　お葬式のときは失神して倒れた、とおっしゃいましたね？

Rさん　ええ、あの子が火葬に付される間、いっしょにいてやろうと頑張ったのですが、気を失ってしまったのです。ですから、お骨も拾ってやれずに……。

治療者　では、いま、想像のなかで「さよなら」を言いながら、そうしてあげては？
Rさん　（お骨を拾う動作をしながら）……M男、あなたは死んだのね。さようなら。さようなら。
治療者　（グループに）みなさん、どうぞRさんとしばらくいっしょにいてあげてください。

〔症例三〕K氏（五五歳）偏頭痛、耳鳴り、術後障害

K氏　私は過去に十分な別れを告げていないような気がするのです。
治療者　少しお話しください。
K氏　弟が三歳で亡くなったのです。（涙ぐむ……言葉がとぎれる）
治療者　いま、どんなお気持ちですか？
K氏　不安と怒りです。
治療者　私たちは強い感情にかられるとき、その奥に何か考えを抱くものです。不安と怒りにしばらくひたってください。……自分になんとつぶやいていますか？
K氏　「これでいいのか、これでいいのか」と言っています。
治療者　未解決の問題があるのですね。
K氏　はい、父がずっと長い間「お前たちが弟を殺した」とことあるごとに言ったのです。
治療者　お前たちというと？

K氏　私と妹です。

治療者　弟さんが亡くなったときのお話をしてください。

K氏　戦争が終わって食べ物も薬もない時代でした。小さな弟が病気で寝ていました。私は小学四年生だったと思います。両親が留守でしたので、妹と二人で弟の世話をしていました。当時はよくいもを食べました。大きないもがあったので、それを小さくちぎって食べさせました。肺炎の治りかけだったので、弟はおいしそうに食べました。二人は弟の喜ぶ顔を見て、つぎつぎといもを口に入れてやりました。弟はそのいもを全部食べてしまったのです。……その晩から弟の具合が悪くなり……三日目に死んでしまったのです。

治療者　弟さんが亡くなったのは、ずいぶん昔のことですね。

K氏　はい、四〇年以上前のことです。

治療者　そこで、さっき言われたお父さんは？

K氏　そうなんです。その後、父が何かあると「お前たちが弟を殺した」と責めました。父はもう亡くなりましたが、最期までそう思っていたようです。

治療者　あなた自身はどう思ったのですか？

K氏　いもを食べさせたためと初めは考えませんでした。弟はあんなに喜んでいたし。しかし……。

治療者　何かあったのですね？

Ｋ氏　小学校六年生の頃だと思います。あんまり言われるので「なんで僕が叱られなきゃいけないの！」と反発したのです。そのとき怒った父からけられ、母に押さえつけられてお灸をすえられました。手のここに。（親指のつけ根をさす）

治療者　そこで決心したことは？

Ｋ氏　父はうわべばかり見るんだ。信用できない。でも、母はいつも父から責められていたので気の毒でたまりませんでした。その頃叔母が同居していて、尊敬していたその叔母が「つぐないなさい」と言ったのです。僕は母を守るためにもつぐないをしよう、と決心したのです。その後の私の人生は「つぐないの人生」でした。

治療者　どういうふうに？

Ｋ氏　私はどれだけ家の借金のしりぬぐいをしたことか。家が何軒か建つぐらいの金をつぎこみました。人からは何度も「そんなバカなことはやめなさい」と言われましたが、つづけました。……しかし、交流分析を学ぶようになってから、だんだん「これでいいのか？」と自問するようになったのです。とくに、最近母に会って、お灸をすえられた事件を話したら、母が「そんなことがあったかね」と言ったのにはショックを受けました。母はただ父の言うなりに動いていただけなのです。

治療者　妹さんは？

Ｋ氏　妹とも当時のことを話しました。妹は「お兄さんがとらわれすぎている」と、あっさり言うのです。

治療者　妹さんは弟さんの死を事実として認めていますね。

K氏　ええ、たしかに。とっくの昔の出来事として処理しているなと思いました。

治療者　いかがですか。別れを告げる準備ができましたか？

K氏　はい。

治療者　では、弟さん、お父さん、それぞれに言えなかったことや気になっていること、とくに、最初におっしゃった怒りや不安を伝えましょう。

K氏　弟には怒りはありません。ただ、いもを食べさせたために死んだのかどうか、いものことをどう思っているか聞きたい。

治療者　亡くなる前の弟さんと話ができたとしたら、なんと答えたでしょうか？

K氏　「そうじゃないよ。おいもはおいしかったよ」と答えるでしょう。

治療者　弟さんは遠い昔に亡くなったのです。答えたり、話したりすることはできませんね。

K氏　……はい、弟には聞こえません。いまの答えは私が自分に話しているのですね。やっぱり、僕が死なせたのじゃない！

治療者　その言葉をお父さんにはっきり言ってみてください。

K氏　親父、親父はまちがっている。僕たちが弟を殺したんじゃない。僕は怒っているよ。ずっと怒ってたんだ。だから親父と話したことがなかったろ？

治療者　この際、心にある怒りを話してごらんなさい。
Ｋ氏　なんで子どもたちのせいにするんだ。あんたは親じゃないか！　だいいち、いちばん責任を感じなきゃならないのは、あんたですよ。僕はおかしいと思いながらも、お母さんと叔母さんのために、家の平和を思ってつぐなってきた。でもね、もうそんな役を演じるのはやめますからね。本当にあんたに魔法をかけられて、バカバカしいことをやってきた……。
治療者　お父さんには伝わりましたか？
Ｋ氏　いえ、父は死んでいます。僕は僕の怒りを自分のために言っているのだ。
治療者　お父さんの告別式はどうだったの？
Ｋ氏　親戚の人びとの接待で、ばたばたと過ごしていました。もう、父の死に顔も埋葬も記憶にないのです。
治療者　では、お父さんの遺体の安置された場面を想像して、静かにゆっくりと、お別れをしてください。
Ｋ氏　（場面を想像で描く）親父、あんたは死んだんだね。僕が怒ったって、うらんだってあんたには通じないんだ。親父、さようなら。
治療者　弟さんには？
Ｋ氏　Ｔちゃん、ずいぶん昔のことだけど、君の喜んだ顔がいまでも生きているみたい。僕は君のお葬式のとき、大人たちがお棺を車に運ぶのをただ遠くからながめていたんだよ。

治療者　弟さんに言いたかったことは？　してあげたかったことは？

K氏　もっと遊んでやりたかった。もっとかわいがってやりたかった。キャッチボールも、自転車乗りも、釣りも教えてやりたかった。（泣く）……でも、こう言ったって、Tちゃんには聞こえないんだ。君は死んでいるんだ。Tちゃん、さようなら。

治療者　いま、どんな気持ち？

K氏　ふっ切れました。長い間つぐないのために使ったエネルギーを、これからは自分のために自由に使います。

1ー症例の経過

グールディングらは、彼らの考案した「別れを告げるための方程式」として、次の五つのステップを呈示しています。

①事実
②未処理の問題
③別れを告げる儀式
④喪に服する悼みの時期
⑤きょうへのあいさつ

筆者もこの方法にそってワークを行なってきました。

症例二は、事故死したわが子の部屋を永久保存するようにして、その死を否認していました。母親のこの状態は娘たちに対して「重要であるな」という禁止令を発信しており、親子の交流をゆがんだものにしていました。また「私がこうしていたら」あるいは「あなたがこうでなかったら」というたぐいの自罰、他罰のゲームも演じられていました。このワークのあと、患者は息子の持ち物を整理し、部屋も家人が自由に出入りできる第二のテレビ室に変えております。

症例三は、職場でも家でも接する人すべてに、文字どおり献身的につくす人でした。明らかに利用されているとわかっているにもかかわらず、要求されるままに金銭的援助を重ねたりもしていたようです。交流分析を学び、この種の訣別のワークを重ねたあとは、自分の人生を生き、楽しむ方向に変わっております。現在は自分の家の購入に踏み切り、家族との生活をエンジョイしているといいます。

2 死の事実を受け入れる援助

訣別のワークを行なう際にも契約を結ぶことはいうまでもありませんが、第一の課題は故人が亡くなって戻らないという事実に直面させることです。事実を受け入れていない人のなかには、葬式に出なかったり、「彼（彼女）が死んだとはいまだに信じられない」と述べたりする人が意外に多いものです。J・W・ウォーデンは喪失の事実を否認するケースとして、次のような状態をあげています。

●他の人を、死んだ人の生き写しだと思う。
●選択的忘却。たとえば、セラピーを受けるまで父親の顔を思いだしたことがない、などというように、特定の人物・状況を忘却する。
●死者と再会する希望を長時間もちつづける。
●故人に電話をかけた自分に驚く。
●死者の衣服、持ち物を長く保存する。
●故人を思いだすものをすべて放棄する（喪失への直面を避ける一種の防衛）。

交流分析的に見ると、これらはすべてⒶの除外の病理と考えられます。また、症例二のようなゲームを演じ、後悔、罪悪感、悲嘆、抑うつなどのラケット感情を手放さない人もいます。米国のセラピーでは、単刀直入に死の事実に直面する方法もとられているようですが、筆者は生前のよい思い出を語ることから入っていくのがよいと考えています。

3 未処理の問題

ゲシュタルト療法の創始者F・パールズは「未処理の仕事でもっともだいじなものは、失った人に対して泣いていないことである」と述べています。悲嘆にくれることは不健全で恥ずかしいとして、長い間非難されがちでした。これは〝感じるな〟という禁止令に従う姿といえましょう。グールディングらは、感謝とうらみの両方を表現することで、この段階に終止符を打つことを提案しています。患者が感情分離の状態で愛する人の死という現実を受け入れているときは、故人に対する肯定、否定の両方の感情の表出、とくに怒りと嘆きの両方の体験を自らに許すように援助します。もし否定的な面を感じないでいると、死者を理想化し、失われた対象への愛情や同一視の取り消しが未完了のままになってしまい、死者と過去を変えようという願望に固執することになります。

4 別れを告げる方法

この方法は、死者を尊び、墓参の習慣をもつわれわれ日本人にとっては、かなり抵抗を感じる方法といえましょう。外国では治療場面で未完了の告別式と埋葬儀式を想像し、棺のなかの死者に対して「さようなら」を告げる方法がよく行なわれています。最近、わが国でも、アダルト・チャイルドの再生の儀式として、幼児の心的外傷を書きつづった紙を燃やして過去と離別したり、高く積み上げた枕を一つひとつ投げて、故人や過去に「さようなら」を言うなどのセッションが行なわれているようです。

訣別の作業にはどのような機序が働くのでしょうか？　精神分析では、〝死を受け入れることは、失った対象（または失う自分）を心から断念できるようになる〟ことにあるとします。ウォーデンは、別れを告げるのは故人を忘れるという意味ではなく、〝故人が死なずに自分といっしょにいてほしいという願望や、亡くなった人を永遠に取り戻すというファンタジーに別れを告げること〟としています。

訣別のワークを行なった人びとのほとんどが過去に封じこんでいたエネルギーを、現在の生活に有効に使えるようになったといいます。ラケット感情を手放し、肯定的な感情が増したと語ってもいます。

最近、ＰＴＳＤ（心的外傷後ストレス障害）、機能不全家庭などとの関連で、ストレス源として幼時のトラウマが再び研究の対象になっています。今後、心身医学者の間においても、この領域への関心が高まることを希望してやみません。

◎用語解説◎

◆アウェアネス（気づき）

心理学的には、解釈抜きで純粋に感覚的に印象を受け取る能力をいうが、交流分析では自分の心の諸力、その働き、交流の様式、無意識の人生計画（脚本）などを、よりはっきり意識することをいう。交流分析で気づくという場合、その内容は日本語の〝行ずる〟に近い。したがって、知的な情報の収集、知覚、認知も含むが、それ以上に心身一如の状態から体得すること、さらにそれを言葉によって明確化していく過程といえる。

◆アレキシサイミア（alexithymia）

心身症の特徴を示すものとして、P・E・シフネオス（一九七三年）によって提示された概念。「失感情言語化症」「感情表出障害」「失感情表現症」などと訳され、以下の特徴があげられている。

①情動を言語化することが乏しく、精神障害よりも身体障害のほうを体験しやすい。

②「機械的思考」と呼ばれる特有の思考様式が見られる。事実関係を述べるが、それにともなう感情を表出しない。

③社会生活を見ると適応を通りこして〝過剰適応〟の状態にある人が多い。

アレキシサイミアの概念は、従来漠然としていた神経症と心身症との境界を設定するうえで一つの光を投じたが、心身症がすべてこれによって説明できるわけではない。

アレキシサイミア傾向の人で、心身症とは別にうつ病や神経症を発病した人も少なくない。むしろ心身症の患者には感情交流の障害が共通して見られること、それは乳児期の母親もしくは養育者との情緒的コミュニケーションに障害があったことを、本概念が明らかにしたと見るのがよい。

◆アンビバレンス（両極性、両面価値）

同一の人物や対象に対して正反対の衝動、願望、感情を同時にいだくこと。これらは意識している場合もあり、一方を意識し、他方を意識していない場合もある。典型的なアンビバレンスは愛情と憎しみ、尊敬と恐れ、男らしさと女らしさ、積極性と消極性、マゾヒズムとサディズムなどである。治療抵抗の処理はアンビバレンスを明らかにすることから始まる。

◆インパス

性格のなかの相反する力がぶつかりあって行きづまっている状態。元来はゲシュタルト療法の概念だが、R・L・グールディングらはそれを広げて、次の三つのタイプに分類している。

①個人の「親の自我状態」Ⓟと「子どもの自我状態」Ⓒの間で起きている拮抗《きっこう》禁止令に根ざしているもの。

②幼時に親のⒸから発信され、かつ個人が自分のⒸによってそれに従おうと決断した禁止令が作動しているもの。

③人生のごく早期に、非言語レベルで与えられた禁止令によるもので、個人が「自分は生まれながらこういう性格なんだ」と思いこんでいるもの（一種の属性）。

再決断療法では、これらのインパスから自分を解放することが治療のゴールとなる。

◆AC（順応した子ども）

Ⓒの機能の一つで、親や親代理者の影響を受けた部分。親の期待にそおうとするなど「イイ子」の行動をとる。感情の抑制、妥協、遠慮、過剰適応などが特色で、自然な欲求や感情を抑制しすぎて、ときに反抗的な言動を示すこともある。

◆エゴグラム

交流分析における自己分析法の一つ。創案者J・デュセイの恒常仮説（各人はそれぞれ一定量の心的エネルギーをもつ）にもとづいている。エゴグラムでは自我状態を批判的ペアレント（CP）、養育的ペアレント（NP）、アダルト（A）、自由なチャイルド（FC）、順応したチャイルド（AC）の五つの機態に分け、個人のエネルギーの配布の程度を左のような棒グラフで図

図：Figure B-3 An Egogram（J.Dusay,1977）

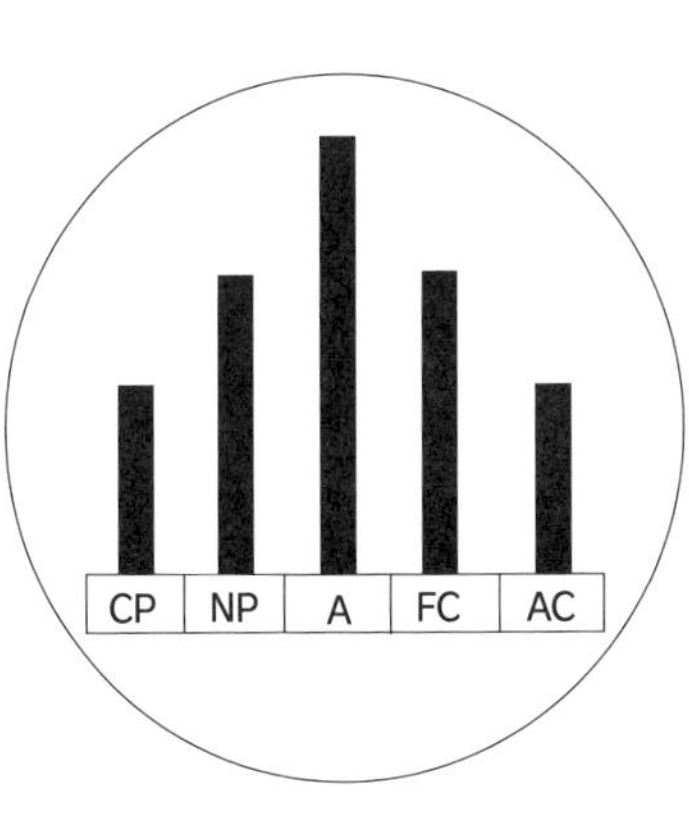

示する。デュセイはエゴグラムを描く際には直観で判断するのがもっともよいとしたが、今日、わが国ではチェック・リストによる客観的テストがいくつか開発され、医療、教育、企業などの場（TEG、TAOK、ECGなど）で広く用いられている。また、エゴグラムを診断の手段にとどめず、クライエントの具体的指導に活用できるように質問項目に工夫をこらしたテスト（SGEなど）もできている。

◆FC（自由な子ども）

Ⓒの機能の一つで、親のしつけの影響を受けていない生まれながらの部分。自分の欲求や感情を自由に表現する。

◆NP（養育的な親）

Ⓟの二つの機能のうちの一つで、養育、ケア、援助する部分。自他の肯定的ストロークを与える働きをする。

◆エネルギー恒常仮説

J・デュセイの創始したエゴグラムの理論で使用されている法則。心的エネルギーの量の合計は全体として一定であるので、一つの自我状態のエネルギー量が増すと、心的エネルギーの総量のなかで移動が起こり、他の自我状態のエネルギーが減る、と考えられる。この法則は次の公式で表わされる。

(P+A+C)mm＝K

P、A、Cは自我状態、mm (mother's milk) は生物・社会学的な因子と関係する変数、Kは一定を意味する。臨床経験をもとに観察されたものであり、エゴグラム上で、一個所が上がれば、別の個所が下がるという現象が生じ、一定の法則性を保つ。

◆OK

交流分析の用語。幼少時に親との間で体験した交流をもとに、自分と他人についてどう感じ、どんな価値づけを行なったかという結論を人生態度(基本的構え)と呼び、その内容が肯定的な場合を「OK」、また否定的な場合を「OKでない」と表現する。

◆汚染

自我状態の境界が弱かったり、壊れたりしたため、他の自我状態のエネルギーが流れこんで、当人の考えや感情に混乱が起こること。Ⓐが Ⓟによって汚染されると、偏見や盲信を抱いた状態になり、「女性はみな

図：汚染

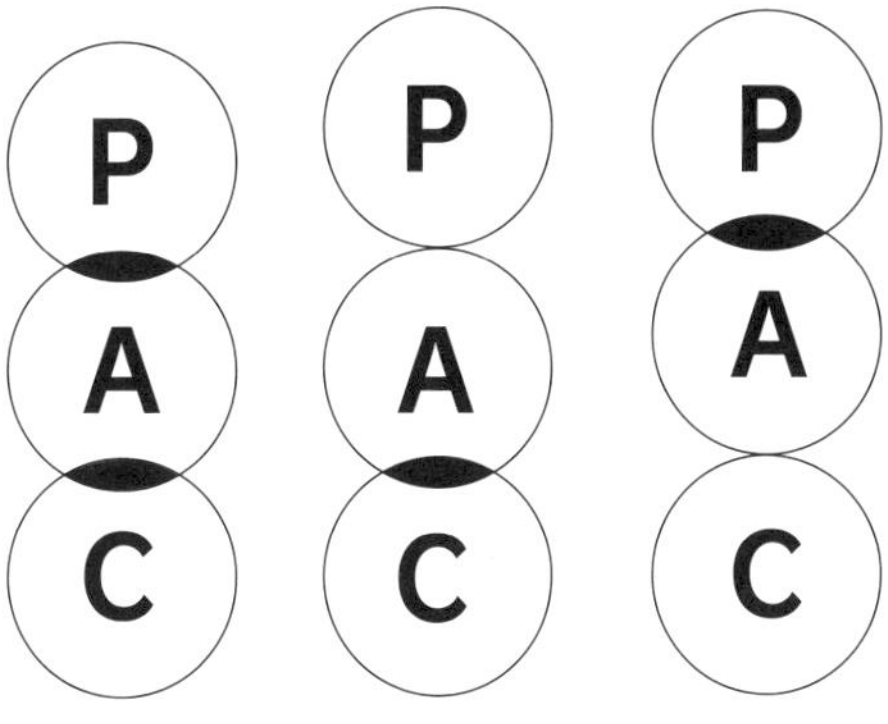

(a) Pからの汚染　(b) Cからの汚染　(c) 複合汚染

数字に弱いからダメだ」などと言う。（図ａ）同様にⒸがⒶを汚染すると、さまざまな恐怖症や迷信が生じ、ひどくなると妄想や幻覚となる。（図ｂ）ⒶがⓅとⒸの両方から汚染されている場合もある。複合汚染と呼ばれ精神病レベルの状態に見られる。（図ｃ）

◆カープマン三角形

ゲームや脚本の過程で起こり得る役割の移動を示す図式（171ページ参照）。おもな役割は「迫害者」、「犠牲者」、「救済者」の三つとされている。

◆活動

時間の構造化の一型。職場勤務、商売、家事、育児、勉強など、いわゆる〝仕事〟を通してストロークを交換すること。道具、材料、アイディアなどを使って外界とかかわることが特色である。たとえば、子どもはテストで百点をとって親のストロークを倍加する。職場の仲間は売り上げを伸ばして、お互いのストロークを交換する。このように活動には創造的、生産的な面があり、人びとに満足感をもたらす。仕事は一般にⒶ対Ⓐの交流である。しかし、A型人間のように仕事に専念しすぎて心臓疾患で倒れるなど、マイナスの結果を招く危険性もはらむので注意も必要である。

◆脚本の母体

脚本の基礎を形成すると考えられている、親のさまざまな指示を示す図式。C・スタイナーの創案による。（38ページ参照）

◆QOL

Quality of Lifi の略で、生命の質、生活の質、人生の質などと訳されているが、一語で日本語に翻訳できない意味を含んでいるのでQOLとして使われている。医学の領域では、尊厳死や臓器移植などと関連する生命倫理、あるいは末期医療における患者の生活の快適性や満足度などの論議のなかに取り上げられている。

本書では、ラケット・システムのなかで、「人生の質」を検討する項目としてQOLをあげている。次のような問いによってチェックできる。

・家族や愛する人との交流は十分にできて、幸福と感じているか？
・否定的ストロークや差別のために、苦痛を味わっていないか？
・かけがえのないだいじな人間として愛され、生きていることに喜びを味わっているか？

◆許可

親から受けた禁止令を永久に無力化する目的で、治療者が用いる技法。具体的には、次のような許可をする。

・治療をもっとも有効に活用してもよろしい。
・いま現在の自我状態とは別の自我状態を自由に用いてもよろしい。
・ゲームのない、スムーズな交流を行なってもよろしい。
・非建設的な親の至上命令に従うことなく、あなた自身の人生を生きてもよろしい。

◆切り換え

ゲームの過程で、それまで演じてきた役割から他の役割へ移動すること。これはカープマン三角形によって具体的に示されている。

◆禁止令

親のⓒから、主に非言語的なコミュニケーション（例・生き方）を通して発せられる指令で、「○○してはならない」という含みをもつもの。これが反復、強化されると、脚本の形成にあずかることになる。グールディングらがまとめた禁止令がよく用いられる。

◆儀式

「時間の構造化」理論の一要素で、日常のあいさつ、結婚式など高度に形式化した一連の相補的交流をいう。交流の経過や結果がはっきりと予測できるのが特色である。

◆逆転移

フロイトによって明らかにされた（精神分析療法の）概念で、治療者が患者に向ける無意識的な態度や感情のことをいう。たとえば、治療者が患者のわがままな態度にいらだちを覚えて、治療を中止しようと考えてしまうような場合が逆転移の現われである。以前は、逆転移は治療者の神経症的葛藤に由来するもので、治療にとってマイナス要因になると考えられていたが、最近では、これにより患者の態度、感情、コンプレックスなどを理解することが可能になると考えるようになり、むしろ逆転移を積極的に治療のなかで生かしていくこと（不快感情の活用）が重視されている。

◆ゲーム（心理的ゲーム）

ゲームとは「表面的にはもっともらしい交流のくり返しのように見えて、その奥にかくれた動機をともない、しばしば破壊的な結末をもたらす交流」と定義されている。ゲームには痴話げんかのようなたわむれから、自殺・他殺に至るような悲惨なものまで含まれるが、結末の内容から次の三つに分類することができる。

①第一度……結末について友人や社交仲間と気軽に話題にできるもの

②第二度……友人や社交仲間が容認しがたいほど深刻な結末に至るもの

③第三度……法律に抵触する、重篤な病気になる、死に瀕《ひん》する、殺人を犯すといったきわめて危険な結末をむかえるもの

以下、ゲームの主なものを解説する。

○あなたがそんなふうでなかったら

なんらかの恐怖に直面するのを避けるために演じられる他罰ゲームの一型。たとえば「夫（妻、親、上司）に理解がないので……」という理由で、したいことが思うようにできないと不平をこぼす人が、実際は自信のなさをこの種の他罰の口実でカムフラージュしている場合などに見られる。自分の行動が制限されて困る、と相手に責任転嫁しているかぎり、わが身の安全を保てるのである。

○あなたのせいでこんなになったんだ

自分の誤ちを認めずに、逆に相手に責任を転嫁するゲーム。自己弁護し、相手に罪悪感を抱かせることを

目的としている。境界性人格、自己愛性格といわれる人がほとんど常套手段として演じるもので、相手は悪者に仕立てられたり、ぬれぎぬを着せられたような立場におかれることが多い。「私はOK、他人はOKでない」という基本的構えを確認するもので、心理学的にいうなら投影によって自己を防御している姿である。

○あなたをなんとかしてあげたいと思っているだけなんだ

主に治療者が演じるゲーム。カウンセラーが熱心さのあまり、クライエントと個人的に親密な関係を結んでしまい、最終的にきわめて非治療的な結末をむかえる場合などがこの例になろう。その他、いろいろな状況で「助けてやろう」という思いがふくらんで、困った人をまるがかえにしたあげく、共倒れになる事態にはこのゲームが演じられる。日常生活では、他人の問題に不必要に立ち入る「お節介やき」がこの例となる。

○あら探し

幼少時より、口うるさい干渉的な親のもとで育った人がよく演じるゲーム。せんさく好きで、病的と思われる好奇心をもって、相手の欠点を探し求め、それが見つかるや相手に議論を吹きかけるもので、日常生活でのささいな不一致の大部分を占めている。「そんなことも知らないのか」「どっちでもいいじゃない」「いや、……」といったたぐいの交流で、Ⓟ対Ⓟが演じるタイプが多いが、お互いに他人のあらを探して楽しむ場合もある。後者は自分自身の欠点をかくし、憂うつにおちいるのを防ぐ手段となる。

○「アルコール依存」のゲーム

アルコール依存の人が自罰あるいは他罰を目的として演じるゲームで、次の三つのタイプがある。

①おもに依存者とその配偶者との間で演じられるゲームで、配偶者への攻撃的な感情を解消する手段として、飲酒が用いられるもの。

②内心で孤独にかられている人がストロークを得るために演じるゲームで、周囲の多くの人びとを巻きこむことが特色である。女性の問題飲酒に多い。

③なんらかの身体疾患、事故、犯罪などへと発展する重篤《じゅうとく》なタイプ。これは自己破壊的な脚本を促進するために演じられるゲームである。

○あれだけ言ったじゃないか

〈あなたのせいでこんなになったんだ〉のゲームの一型で、結婚生活でよく演じられる。たとえば、子どもの養育に関するいろいろな決定を妻に依頼し、自らは単なる評論家となる夫によって演じられる。子どもが順調に育てば夫はそれを楽しむことができる。しかし思春期に至って、もし子どものできが悪いと、それを妻のせいにして自分の責任回避をする。そのときのせりふが「おれがあれだけ言ったじゃないか」「お前がやってきたことを考えてみろ」の類となる。

○暗黙の了解（困窮）

依存的な生活様式を維持するために演じられるゲームで、治療者と患者で〝暗黙の了解〟という形をとる。患者が職が見つからないなどと訴えて依存関係のなかにとどまり、治療者もこれを容認するといった状態である。バーンは、この種のゲームを〈困窮（貧乏）〉と名づけ、とくに生活保護を受けている一部のクライエントとケースワーカーとの間で演じられる、と述べている。心理療法においても、治療は時間がかかるものだという考えから、患者が現実生活に戻るための決断と行動をとる機会を治療者があえて与えないときは、このゲームになり得る。

○追いつめ

相手のかくれた意図（甘えたい、理解してほしいなど）に気づいていながら、すべてを表面的なレベルで受けとめ、親しく交流することを拒絶するもの。夫婦げんかなどで相手の言葉をことさら文字どおりにとって、「○○と言った」あるいは「言わない」といった責め合いに終始する場合によく見られる。またこのゲームは、いわゆる二重拘束の形でも演じられる。「しっかり勉強して百点をとりなさい」と要求しながら、「どうして勉強ばかりしているの。みんなと外で遊びなさい」と叱る親のもとで、子どもはどっちに従っても困惑することになる。

○大騒ぎ

互いになじりあって大騒ぎをしたあげく、しばらく口をきかなくなるもの。このゲームの特色は、親密な関係になるのを恐れて、互いに接近を避けようとする点にある。例として「結婚しよう」「いやもうしばらく延ばそう」といったあいまいな関係をえんえんとつづけている未婚の男女があげられる。この間に別れ話でいくつかの騒動を演じ、周囲を巻きこむが、結局二人の関係は変わらないのである。

○おろか者（道化役）

抑うつ傾向や循環性気質をもつ人によって、しばしば演じられるゲーム。幼時から「私はバカなのだ」「私はOKでない」という構えを自他ともに認め、何か失敗することによって他人を挑発し、自分を蔑視させようとする。自分が〝おろか者〟でいるかぎり、望んでいるストロークが得られるという体験を積んでいる。最近注目されているアダルト・チャイルドといわれる人びとのなかに、この種のゲームを演じる人がいることが明らかにされ「クラン（道化役）」と呼ばれる。

○かわいそうな私（みじめ好み）

〝犠牲者〟の立場から演じられるゲームの一型で、結末で「どうして私だけ、こんな不幸な目にあうのだろう」と自己憐憫《じこれんびん》の感情にひたるもの。背たけ、容姿、能力、お金などについて「どうして私だけ……」と自分をなさけなく感じながら、どこかに対人意識（恐れ）がひそんでいる。臨床場面での例としては、治療セッションが終わる間際になるときまって質問したり、問題を提示する患者があげられる。治療者がそれに応じられないと反応すると、「どうせ私の悩みなんかに関心がないんでしょう」といった態度で去っていくのである。

○キック・ミー

さまざまな形で相手のひんしゅくを買う言動をくり返すことよって拒絶を招く、あるいは罰を受けるという結果に終わるゲーム。本人はこの自己破壊傾向に気づかず、「なぜいつも、私ばかりこんな目にあうのだろう」と犠牲者にされたように感じる。遅刻常習、独断専行、暴力などで、最終的に周囲から愛想をつかされるような例によく見られる。

○義足（精神異常の申し立て）

自分の心身の弱点を（無意識裏に）利用して責任を回避したり、失敗の弁解を行なう場合に演じられるゲーム。「私のようなハンディキャップをもった人間に、いったい何を期待しようというのですか」といった抗弁や嘆願の形をとる。治療者がしびれを切らして、患者の甘えを指摘したり具体的な解決法をせまると、患者は「ひどいことを言う」「ちっともわかってくれない」「冷たい仕打ちをうけた」とふれまわる。

○苦労性

自己破壊的ゲームの一型。人を喜ばせようという意図で仕事や奉仕に励むが、結果的にはやりすぎて疲れはて、かえって相手に迷惑をかけたり、ひんしゅくを買ったりする。完全主義的な性格の人によって演じられることが多い。最近話題になっている教師や看護婦の「燃えつき症候群」や専業主婦の「空の巣症候群」もこのたぐいのゲームといえよう。

○警官と泥棒

非行・犯罪を犯す人によって演じられるゲーム。多くの犯罪者は警官を憎んでいるので、犯罪で得られる利益と同じかそれ以上に、警察の上をいくことに大きな満足を得る。ここに警察から追跡されてスリルを味わったり、警察に挑戦するような違法を犯す類のゲームの基盤があるものと思われる。本質的にこの種のゲームはつかまるために演じられ、そこで味わう感情は「無念さ」である。日常の生活でも、賭けごとにこって財を散らす人、簡単に足がつくような不倫関係をくり返す人なども、このゲームを演じているといえよう。

○こんなに私が無理しているのに

このゲームの目的は、相手に強い罪悪感を起こさせ、もっとなんとかしなければならないという気持ちにさせることにある。たとえば、ストレスのもとで内心では健康状態を心配していながら、表面では元気を装って働きつづけ、最後に病状をこじらせて所期の目的を果たす、といった交流を行なうことが多い。E・バーンは、この典型的な例として、仕事中毒的な胃潰瘍患者をあげている。ついに彼は職場で倒れるが、その知らせを受けた妻は、「どんなにおれが無理してきたか…」という無言のメッセージを感じて、それまでの夫に対する言動を後悔する立場に追いこまれる。しかし、妻が夫に愛と配慮を示しても、彼女の動機は夫に対する罪悪感なのだから不幸である、という。

○さあ、つかまえたぞ

自分の気にくわない相手に対して、些細なミスを盾にとり、それまで押さえてきた怒りを爆発させて、執拗に責めたてるゲーム。生徒いじめ、部下いじめ、嫁いびりなどがその代表的な例。背後に個人的な欲求不満による否定的感情（嫉妬）がうっ積していることが多い。マスコミの芸能人に対する人権無視ともみなせる過剰取材やスキャンダルの創作も、この種のゲームといえよう。

○シュレミール（何をしても許して）

この言葉は元来「ずる賢い人」を意味する。つぎつぎに失敗を重ねて相手を怒らせておきながら、そのつど謝罪し、いやおうなしに相手の許しを得ようとするゲーム。相手側が腹を立てれば〝自制心を欠いた〟として仕掛け人に敗北したことになるし、がまんすれば仕掛け人のほうが相手の忍耐力を試すという形で、さらに交流を楽しむことができる。アルコール依存患者の病棟における飲酒、糖尿病患者の〝かくれ食い〟などをめぐる交流が例といえよう。

○精神医学（治療者めぐり）

治療者をつぎつぎに渡り歩き、どの治療者をもやりこめて、誰も自分を治せないことを治療者に証明させようと患者が演じるゲーム。このゲームは、必ずしも患者と治療者の間の激しいやりとりという形をとるとはかぎらない。患者が「無能な治療者」にかかりたいという欲求をもち、治療者も「なんとしてでも治してやりたい」という構えをもつとき、ゲームはつづくことになる。

○あなたと彼とを戦わせよう（仲間割れ）

このゲームは、自分が原因で別の二人の間に争いを巻き起こしておきながら、本人は部外者をきめこむものである。これは男性二人女性一人の三角関係で、女性によって演じられる場合が多い。臨床の場では、ある患者の取り扱いをめぐって、医療チームの間でまっこうから意見の対立が生じた場合、このゲームの可能性が強い。もし両グループが互いに反目し、関係に亀裂が生じるに至るとしたら、患者の内的世界の外在化（投影）と見るべきであろう。患者が周囲の対人関係を対立させるという形で、自らの安定をはかっている重篤なゲームなのである。

○はい、でも

相手に解決策を求めておきながら、それが示されると一つひとつに反論して、どれも実践することを拒み、ついに相手に無力感を味わわせようとするもの。表面では問題解決を話し合うⒶ対Ⓐの交流様式をとっているが、裏面ではなんとか助けねばという(P)と、けっして受け入れまいという固い意思をもつ(C)との間でやりとりが行なわれる。

○ひどいもんじゃありませんか

表面では、自分のおかれた不幸な境遇を嘆いて苦痛を訴えているが、裏面では、それによって周囲から寄せられる同情を満喫するゲーム。これは、ふつう雑談の場で演じられるが、臨床的には心気症の治療にもっとも典型的に見られる。患者は器質的疾患と診断してくれる医師を転々とし、自分の状態がいかに〝ひどい〟ものかを訴えて自分に適応させようとする。ここで医師がゲームを受け入れないと、よりひどい心気症のなかに逃げこむ。それに対して医師はさらに強い説得をもってのぞむ。しかし、患者の訴えは相も変わらないので、ついに医師は怒りに燃えてくる。不思議なことに、患者はこうした悪循環のなかでかえって安定を示しはじめるのである。

○不感症

元来、異性やセックスに嫌悪感をもつ人が演じているゲーム。相手を刺激しておきながら、最終的にひじ鉄砲をくらわしたり、責めたてたりして大騒ぎを起こすという事態がくり返される。他罰ゲーム〈さあ、とっちめてやるぞ〉の一型でもある。

○負債者

サラ金、ローン、クレジットカードなど、つぎつぎと負債を重ねて、一生その返済に追われるもの。この間に、貸主との間にさまざまな攻防（追われるスリル、借り倒し、裁判ざたなど）が展開される。このゲームの一型に〈取れるものなら取ってみろ〉があるが、現在わが国の銀行の不良債権をめぐるやりとりは、まさにこのゲームの観がある。強制手段による回収をはかると、存続する権利で逆襲し、世間の同情も獲得しつつ、結局逃げきることができるのである。

○弁当持ち（倹約癖の管理職）

米国では「ランチ・バッグ」と呼ばれるゲームで、極端な倹約と自己犠牲で職場の出費や家庭経済を徹底的にコントロールする目的で演じられる。レストランで昼食をとる余裕を十分にもつ管理職が、昨日の夕食の残り物で作ったサンドイッチをペーパーバッグに入れて事務所に持っていく。そのうえ、昼休みにその弁当を食べながら、未処理の仕事を片づける。彼と生活をともにする家族や事務所の職員は、ゆとりある気分にまったくなれず、不自由な節約を強いられることになる。

○法廷

第三者（多くの場合、救済者を演じる人）を巻きこんで、自分が正しいことを保証させる目的で演じられるゲーム。医療訴訟、結婚カウンセリング、家庭裁判所の調停などがえんえんと長びく場合、このゲームが演じられている可能性がある。

○ラポ

この用語は英語のレイプをもじったもの（RAPE→RAPO）である。ラポは男女間で行なわれるゲームで、異性に対する根深い敵意に動機づけられており、異性に対し復讐を果たそうとするものである。ラポには、軽い性的なたわむれから、悪質な性犯罪、あるいは殺人までさまざまな段階がある。巧妙な計画のもとで行なわれるときは〝美人局《つつもたせ》〟のようにプロ化することもある。心理療法の場でときに問題になる治療者と患者の恋愛関係、あるいは濃厚な転移のなかには、この種のゲームが行なわれている場合がある。

◆結末（報酬）

言語はpay offで、支払い、清算を意味するが、野球などのゲームの最終結果（最終スコア）などにも使われる用語。交流分析ではゲームや脚本の最終段階で起こる出来事をいう。ゲームを演じる人が内心で求めてきたニーズが充足される段階という含みがある。実際には以下の要素が含まれる。

①個人特有のラケット感情を味わう。
②否定的なストロークを得る。
③ある程度の時間を構造化する。
④基本的構えのゆがみ（OKでない）を証明する。
⑤親密性を避ける。

◆サイバネーション療法

石川中氏（故東京大学心療内科教授）によって提唱された心身医学の新しい理論とそれにもとづく治療法。自律訓練法、交流分析、生体フィードバック法に共通する論理を行動科学的な立場から体系化し、気づきとセルフ・コントロールを治療の目的とする。理論の基本としてN・ウィナーのサイバネテックスとL・

ベルタランフィの一般システム理論があり、それらから導きだされた①ブラックボックス、②フィードバック、③開放系と閉鎖系、④情報とエネルギー、⑤象徴と信号の五つの原理による全人的な治療が行なわれる。

◆**雑談**

時間の構造化の一型。互いの関心事を紹介しあったり、最近の話題について意見を交換するなどして時間を過ごすこと。俗にいう井戸端会議や立ち話であるが、ストロークの交換としては楽しいもので、これによって時間を共有したい人と知り合いになる方法となる。多くの国の若い男女は、この過程を経て恋愛関係へと進んでいく。また、雑談はストレス解消の機能も果たす。しかし、ときには会議などでは、問題の核心を避けて〝お茶をにごす〟手段にもなる。

◆**自己（セルフ）**

一般に心理学では、意識される対象としての客体的・受動的な自分をいい、意識する主体としての自我と区別される。しかし、最近の乳幼児精神医学、自己心理学、また東洋的交流分析では客体よりも主体が強調され、人格の核心的部分、心理的世界の中心をさす言葉としても用いられている。

◆**自己心理学**

H・コフートが提唱した精神分析的心理学で、自己愛と自己（セルフ）の研究にもとづく性格理論と患者の主観的世界に対する共感を重視する治療技法をいう。従来の精神分析が否定的にとらえてきた自己愛、攻撃性、抵抗などの概念を、成長を求める人間の健康な心的活動ととらえ直した点に、一つの大きな特徴がある。

◆**CP（批判的な親）**

Ⓟの二つの機能のうちの一つで、支配、批判、命令する部分。

◆**締め出し（除外）**

自我状態の病理で、一つないし二つの自我状態が個人の全体的機能から締め出されていることをいう。次ページ図右はⒸを締め出した人で、ほとんど遊んだり、リラックスしたりしない〝まじめ人間〟によく見られる。Ⓟの除外は既成の規則を守らない人、他人の面倒をみられない人で反社会的性格、衝動的な性格に多い（図左）。Ⓐが締め出された状態は、現実との接

図：Ⓒの除外

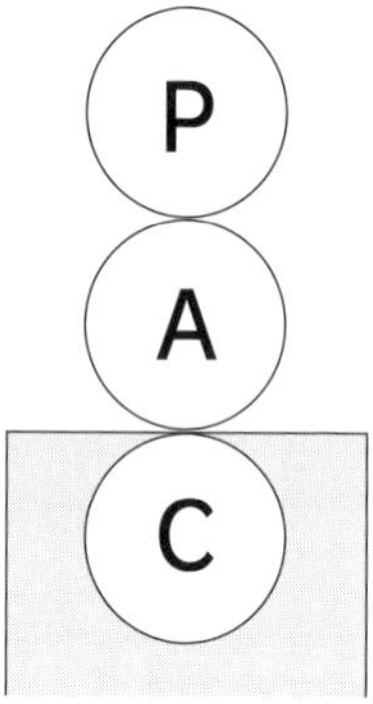

図：Ⓟの除外

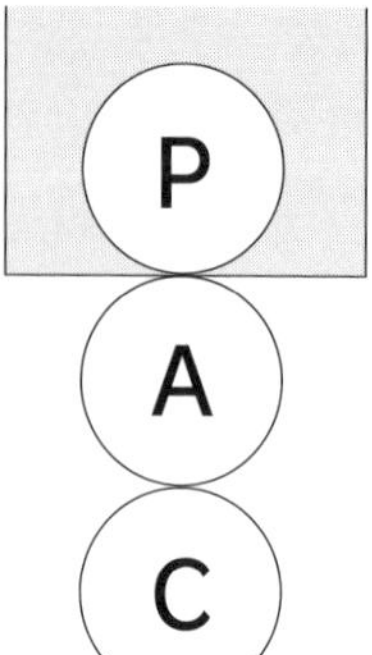

（p25参照）

触が遮断され、ⓅかⒸがありのままの姿で出現するため、精神病あるいはそれに近い人となる。

◆心身症

「身体疾患のなかで、その発症や経過に心理社会的因子が密接に関与し、器質的ないし機能的障害が認められる病態をいう。ただし神経症やうつ病など、他の精神障害にともなう身体症状は除外する」（日本心身医学会1991）と定義される。ここで病態という表現が用いられている理由は、心身症それ自体、独立した疾患単位ではなく、一般の内科的な病気あるいは臨床各科の身体疾患のなかで、上記の条件にあてはまるものを意味しているためである。とくに胃・十二指腸潰瘍、慢性胃炎、気管支喘息、じんましん、偏頭痛、緊張性頭痛、神経性食欲不振症、過敏性大腸（便秘や下痢のくり返し）、潰瘍性大腸炎、慢性肝炎、胆のう症、慢性膵炎、筋痛症、関節リューマチ、狭心症、不整脈、高血圧症、低血圧症、糖尿病、バセドウ病、肥満症、特発性浮腫（むくみ）、自律神経失調症、過換気症候群などのなかには、心身症としての取り扱いを必要とするものがしばしばある。また思春期病、老人病、内科的な病気のリハビリテーションも、しばしば心身症に準じた取り扱いが必要となる。

◆条件つきのストローク

相手の行為や価値に対して与えられるストローク。「成績が上がったら○○を買ってあげるよ」「あなたは会社によくつくしてくれる素晴らしい人だ」などというように、こちらを喜ばせるかぎり、存在を重視するという意図がひそんでいる。また、「またミスをしたね。どうしてもう少し注意できないのかねえ」「君の字は読めないよ。まったくひどいもんだ」など、否定的な条件つきのストロークもある。

◆自律訓練法

ドイツの神経科医J・H・シュルツによって開発され、その弟子W・ルーテによってわが国に紹介された心身の弛緩法。上級練習を含む複数の治療技法から構成されているが、基本となるのを「標準練習」といい、四肢の弛緩を中心とした公式を心のなかでくり返しつつ、心身をリラックスさせる技法である。ルーテによると本法によって得られる自律状態は、次の理由によりストレスの緩和の働きをもつとされる。

①日常生活のなかで脳内に蓄積された心身のホメオスタシスを撹乱するような刺激を、自動的に発散することによって、自己正常化ないし自己中和の営みが進行する。

②副交感神経の働きが優位になり、失われたエネルギーを回復して、人体のホメオスタシスを取り戻す営みが活発化する。

◆ストローク

元来はなでる、タッチするなど愛撫行為を意味するが、交流分析では、ある人の存在や価値を認めるための言動や働きかけをいい、交流はストロークのやりとりとみなす。身体、言語、心理のいずれかのレベルで交換されるストロークは①肯定的、②否定的、③条件つき、④無条件の四つのタイプに分類される。また、ストロークには次の法則がある。

①人は肯定的ストロークが不足すると、否定的ストロークを求めて補う。

②人は変容に対して肯定的ストロークを受けたことへの反応として、変化・成長する。

◆精神力動論

精神分析の考え方の一つで、人間の思考、感情、行動などの精神現象は、さまざまな心的エネルギーの相互作用や葛藤《かっとう》から生ずるとする仮説。精神現象の背後には、つねにホメオスタシス（恒常性）の原理が働いていて、無意識的な欲求や動機のバランスを保ち、心身の安定が維持されている。ストレスや葛藤などによってこの均衡《きんこう》が乱れるとき、いろいろな病的状態が現われる、と考えるのである。今日、精神力動的観点は精神医学の主流の一つで、個人の病理にとどまらず、治療者・患者関係、家族関係、対人関係一般から生じる問題の解明にも応用されている。

◆対抗禁止令（対抗脚本）

親のⓅから言葉によって発信された脚本メッセージで、子どものⓅのなかに保持されているもの。「うそをついてはいけない」「頑張って勉強しなさい」など、一般のしつけ、常識の面で親が子どもに教える内容である。この種の教訓に従っていれば、破壊的な脚本をもたらす禁止令に対抗し、脚本を弱体化あるいは阻止できるものと考えられた。しかし実際には、基本的構えが否定的な人においては、対抗脚本がかえって禁止令を強化し、脚本をおし進める働きをすることがわかってきた。対抗脚本のなかで特別な役割を果たす「ドライバー」（かりたてるもの）として、次の五つの命令が知られている。

①急げ　②完全であれ　③もっと努力せよ　④私（親、他人）を喜ばせよ　⑤強くあれ

◆小さな教授（小教授）

英語でリトル・プロフェサーといい、LPと略される。Ⓒの自我状態のなかで直観と生存の知恵に富む部分をいう。生まれながらにして備わる直観的、創造的な能力で、幼児はこれで問題の解決にあたる。また、人生脚本のもとになる「幼児決断」は小教授が行なうと考えられている。構造分析の二次的モデルによると、小教授の位置は左図のようになる（P_2、A_2、C_2は成人の自我状態を示す）。

図：小さな教授

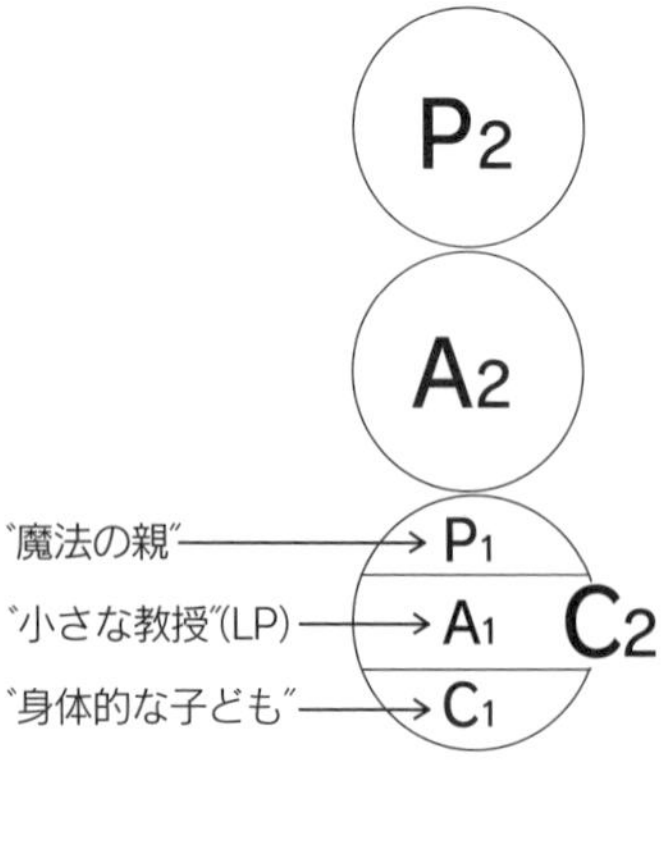

◆抵抗

気づきを目的とする心理療法において、自分自身について知ることを避けようとする患者のすべての言動をいう。精神分析では、とくに転移の領域に起こるもの（転移抵抗）が重視され、その処理が治療の中心となる。ＴＡ・ゲシュタルト療法では、治療の初期に抵抗を同定し、すみやかに処理した後、治療契約を確認する。（57・60ページ参照）

◆転移

幼児期に家族（とくに両親）に対して展開したさまざまな情動的態度を、現在の生活の治療者との関係で、非合理な形で反復すること。転移は指導・服従、あるいは権威・服従などの人間関係において生じやすい現象である。ＴＡ的に見ると、幼児期につくられ、機械的、盲目的に反復される非現実的な人間関係の一つのタイプといえよう。

◆フィードバック

結末を判断しながら、適切な変更処置を行なっていくこと。電気工学では、ある動作によって起こった結果（出力）を、その動作の原因（入力）につけ加え、あるいは差し引くように戻してやることをフィードバックするといい、〝帰還〟という言葉が使われている。心理学の領域では、他人に対する行動の結果を見て、自分の行動を自己統御（コントロール）したり、子どもが学習した結果を、その子どもに知らせてあげるというふうに、結果がもとに戻って影響を及ぼす場合に使われる。カウンセリングの訓練で、面接場面をビデオテープで復習するのも、フィードバックの例といえる。

◆プロジェクション（投影、投射）

精神分析の防衛機制の一つで、自分のなかの認めがたい欲求、感情、観念などを、他人や他のものに属するものとみなす機制をいう。たとえば、自分が誰かを憎んでいる場合に、その相手が強すぎてどうともしがたいと、相手が自分を憎んでいるからこわいと感じることである。一つの特徴は、投影された衝動や思考が外界から自分に向かってくるものとして知覚されるところにある。臨床的には、自分の欠点や失敗を外部のせいにする不適応行動を理解するのに用いられる。

◆閉鎖（自閉）

時間の構造化の一型。身体的あるいは心理的に自分を他人から遠ざけることによって、ストロークを受ける方法である。一人でくつろいだり考えたりすることで時間を過ごす場合、計画的に行なうもの、親の閉鎖的行動を取り入れたもの、子ども時代の適応パターンを反復するものなどがある。閉鎖の代表的なものは白昼夢や空想にひたることである。それによって孤立するが、情緒的なかかわりがもたらす危険は避けることができる。ストロークの供給源を自分の内に求める様式である。

◆ホメオスタシス

生体の内部環境は、生理学的な協調反応により、その恒常状態が維持されている。体温を調節する発汗作用、血中の水素イオン濃度の制御など、その例はかぎりない。このような生命維持に不可欠な動的平衡状態は、米国の生理学者W・B・キャノンによってホメオスタシスと名づけられ、生体の適応の問題を考える場合の基本概念になっている。たとえば、人体の心身両面でのホメオスタシスをうながす方向へ、脳内各部の力関係を自己調整する方法として自律訓練法が活用される。

また、ゲシュタルト療法は、心身症患者に見られる失体感に対して、〝感官的、内臓的な気づき〟（C・R・ロジャース）を回復し、心身の統合をはかるために種々の工夫を行なう。さらに家族を単なる個人の集合体ではなく、全体として機能するシステムとしてとらえるとき、そこに新たな構造的変化をもたらすことによって、個人の成長をうながす家族治療の可能性も生まれてくる。

◆無条件のストローク

相手の行為や価値に関係なく、相手の存在と人格そのものに対して与えられるストローク。「頭がいいとか、容姿が優れているとかは問題ではない。あなたという人がだいじなのです」と、相手をありのままに受け入れるストロークで、C・R・ロジャースがカウンセリングにおける人格変容の要因としてあげた「無条件の肯定的尊重」と通じる。

また、「お前なんか生まれてこなかったらよかったのだ」「お前の顔を見るのもイヤだ。とっとと消えうせろ!」のような、無条件の否定的ストロークもある。

◆**ラポール**

意志の疎通性を意味するフランス語で、治療者（セラピスト）と患者（クライエント）の間に形成される信頼関係をいう。温かい、思いやりのある雰囲気のもとで、言語的、非言語的な感情交流が十分に行なわれている状態である。

◆**裏面的交流**

表面のメッセージと秘密のメッセージが、同時に発信される交流様式。

参考文献

●『自己実現への再決断』
M・グールディング、R・グールディング著／深沢道子訳／星和書店

●『心配性をやめる本』
M・グールディング、R・グールディング著／深沢道子、木村泉訳／日本評論社

●『ゲシュタルト療法』
F･S･パールズ著／倉戸ヨシヤ監訳／ナカニシヤ出版

●『サイバネーション療法』
石川　中、野田雄三著／時事通信社

●『TA TODAY 最近交流分析入門』
I･スチュアート、V・ジョインズ著／深沢道子監訳／実務教育出版

●『セルフコントロール』
池見酉次郎、杉田峰康著／創元社

●『人生ドラマの自己分析』
杉田峰康著／創元社

●『新装版　こじれる人間関係』
杉田峰康著／創元社

●『臨床交流分析入門』
杉田峰康著／医歯薬出版

●『夢分析入門』
鑪 幹八郎著／創元社

●『対象喪失』
小比木啓吾著／中央公論社

●『グリーフ・カウンセリング』
J・W・ウォーデン著／鳴澤實監訳／川島書店

●著者紹介

杉田峰康（すぎた　みねやす）

東京生まれ、東京在住。1960年米国コンコルディア大学卒（心理学、ケースワーク専攻）。1962年イリノイ大学大学院卒、以後帰国までイリノイ大学付属病院にて精神療法を研修。九州大学医学部心療内科講師、活水女子大学教授、福岡県立大学および大学院教授を経て、現在、福岡県立大学名誉教授。日本交流分析学会名誉理事長。

著訳書『交流分析と心身症』（池見監修）『こんな子供に誰がした』『人生ドラマの自己分析』『こじれる人間関係』『セルフコントロール』（共著）『ロールレタリングの可能性』（監修）『実地医家のための心理療法』（共訳）『フロイト心理学入門』（共訳）など。

新《あたら》しい交流分析《こうりゅうぶんせき》の実際《じっさい》——TA・ゲシュタルト療法《りょうほう》の試《こころ》み

2000年 7 月20日　第 1 版第 1 刷発行
2019年 4 月10日　第 1 版第15刷発行

著　者——杉田峰康

発行者——矢部敬一

印刷所——株式会社太洋社

発行所——株式会社創元社
〒541-0047大阪市中央区淡路町4-3-6
[電話] 大阪06(6231)9010(代)
[FAX] 大阪06(6233)3111
東京支店　〒101-0051東京都千代田区神田神保町 1-2
田辺ビル
[電話] 東京03(6811)0662

ISBN978-4-422-11252-7

URL https://www.sogensha.co.jp/

本書の感想をお寄せください
投稿フォームはこちらから ▶▶▶▶